我国农村空心化问题的治理研究

朱道才 著

中国财经出版传媒集团

经济科学出版社
Economic Science Press

图书在版编目（CIP）数据

我国农村空心化问题的治理研究/朱道才著．—北京：
经济科学出版社，2016.12
ISBN 978 - 7 - 5141 - 7683 - 4

Ⅰ.①我…　Ⅱ.①朱…　Ⅲ.①农村问题 - 研究 -
中国　Ⅳ.①F32

中国版本图书馆 CIP 数据核字（2016）第 324603 号

责任编辑：黄双蓉
责任校对：隗立娜
版式设计：齐　杰
责任印制：邱　天

我国农村空心化问题的治理研究

朱道才　著

经济科学出版社出版、发行　新华书店经销
社址：北京市海淀区阜成路甲 28 号　邮编：100142
总编部电话：010 - 88191217　发行部电话：010 - 88191522
网址：www. esp. com. cn
电子邮件：esp@ esp. com. cn
天猫网店：经济科学出版社旗舰店
网址：http://jjkxcbs. tmall. com
北京万友印刷有限公司印装
710 × 1000　16 开　12.25 印张　200000 字
2016 年 12 月第 1 版　2016 年 12 月第 1 次印刷
ISBN 978 - 7 - 5141 - 7683 - 4　定价：39.00 元
（图书出现印装问题，本社负责调换。电话：010 - 88191510）
（版权所有　侵权必究　举报电话：010 - 88191586
电子邮箱：dbts@ esp. com. cn）

前言
PREFACE

>   >   >   >   >   >

    中外普遍存在农村空心化现象，发展中国家尤其突出。农村人口大量外流给工业和城镇化提供了大量劳动力，但由此引发的农村空心化的消极影响却不可忽视。我国作为一个人口大国，人均土地资源严重缺乏，城乡二元体制桎梏尚未打破，而农村空心化问题会加剧我国城乡差距扩大，阻碍城乡经济社会的可持续发展，影响我国全面小康社会建设。农村空心化演化周期规律决定了农村空心化现象必然在城镇化和新农村建设过程继续存在，且不利影响难以在短期内消除。因此，系统分析我国农村人口、村镇、产业、文化和管理等空心化的过程和机制，并从经济、社会、空间等多维结构提出城乡统筹发展政策措施，对于加快推进新型城镇化、促进城乡全面实现小康和化解"三农"问题的理论研究和实践探索具有一定的参考价值。

    第一，本书归纳整理了中外农村空心化理论研究和实践治理方面的文献和资料，分析阐述了农村空心化的内涵特征、形成机制，以及不利影响，总结了韩国新村运动、日本村庄建设、德国等值化运动、山东省建设集约型村庄、江苏省建设新型农村社区和重庆市农村土地整治模式等中外农村空心化综合治理的实践经验，为开展研究提供理论基础和方法指导。第二，结合我国新时期农村经济社会发展实践，分析提出我国农村空心化表现为人口、村庄、产业、文化和管理等多个方面，并详细阐述了人口、村庄、产业、文化和管理的具体特征，揭示农村空心化给我国经济社会发展带来的不利影响，例如，影响农产品有效供给、土地利用效率低下、城乡差距不断扩大、社会问题更加突出、农村文化教育逐渐衰落和基层组织管理弱化。第三，根据我国农村劳动力转移过程及其表现，将我国农村空心化的演化历程分为 6 个阶段，即 1978～1991 年的出现阶段、1992～1999 年的发展阶段、2000～2015 加剧阶段、2016～2020 年改善阶段、2021～2030 年遏制阶段和 2031 年以后的消失阶段。基于劳动力转移分析架构，结合经济社会发展实际，构建劳动力要素转移分析模型，分阶段从市场机制、要素转移和制度缺失三个要件，分析研究农村空心化的形成机制，以及农村空心化问题不同表现之间的相互关系，并建立农村空心化传导机制分析模型。第四，在江苏、安徽和甘肃三省典型农村实地调研的基础上，结合区域经济社会发展实际，分别从县域视角和村域视角，测算分析农村空心化率，并进行比较研究，为其他地区农村空心化治理提供参考。第五，分别从农业产业化、城乡产业协同发展、农村产业体系重塑等几个方面，分析提出城乡经济统筹的目标、路径和模式，并以安徽省现代农业产业化联合体创新实践为例，阐述现代农业组织模式的创新对保障优质农产品供给、促进农业增效和农民增收，以及提高农业产业产出水平，增强农业和农村吸引力，有效解决农村空心化的积极作用；从城乡就业、城乡教育、社会保障、城乡文化管理等多个方面，提出城乡社会统筹的目标、路径和模式，并以成都市社会统筹实践为例，阐述城乡社会统筹如何实现城乡充分就业、城乡教育均等和城乡一体化社会保障，从而达到进城农民留得下、农村农民留得住、农村文化繁荣、基层组织健全效率、城乡关系和谐的目标；从城乡一体交通体系、城镇建设和生态文明建设等角度，分析提出城乡空间统筹的目标、路径和模式，并以策底村为例，在实地调研基础上，实证分析村庄空心化现状和治理潜力。第六，依据第五、第六次人口普查数据、安徽省历年统计年鉴相关数据以及实地调研数据，借助 Mapinfo、SPSS 等软件，分析研究安徽省现阶段农村人口空心化、村庄空心化以及产业空心化的表现和机制，并提出安徽省解决农村空心化问题的政策措施。第七，在总结前面研究的基础之上，对我国农村空心化问题进行了系统总结，并对未来的相关研究进行展望。

在中外文献整理分析和实践经验总结基础上，本书结合我国农村空心化演化过程、特征，以及我国现阶段农村空心化实际，提出有关我国农村空心化表现、形成机制和治理创新性观点和措施。

一是农村空心化形成的过程和机制。结合我国城镇化阶段性规律和人口流动趋势，本书分析提出我国农村空心化将经历6个阶段，呈现出阶段性演化规律；就农村空心化形成机制来说，城乡二元结构是根本原因，农村离心力是推力，城市吸引力是拉力；新时期我国农村空心化表现为人口、村庄、产业、管理和文化空心化五方面，五方面相互联系形成一个整体，人口空心化是基础和根本诱因，村庄空心化是结果和最显著表现，产业空心化是实质和加剧因素，管理空心化是延伸和固化因素，文化空心化是新动向和隐性因素。

二是农村空心化呈现区域性分异。借助数学模型实证分析，发现不同区域的农村空心化存在显著差异，研究结果表明经济发展水平是影响农村空心化的首要因素，经济发展水平高，农民收入水平高，其农村空心化程度往往就较小。实地调研表明，区位条件不是影响农村空心化的决定性因素，一些偏远的欠发达农村，如甘肃省策底村，资源产业发展较好，农村人口空心化比率较东部、中部地区的几个村反而较低。由此可以推断，农村产业的发展是决定人口空心化的实质性因素。我国正处于城乡发展转型的关键阶段，应该结合我国农村空心化的空间格局与地域分区特征，遵循因地制宜、分类、分区的原则展开整治与政策设计，促进农村地域系统的良性发展，实现土地资源可持续利用和社会经济的可持续发展。

三是农村空心化综合治理措施。本书在借鉴中外城乡统筹发展经验基础上，结合我国新时期农村空心化的具体表现，以及实地调研地区城乡统筹发展创新实践，提出关于统筹城乡经济、社会和空间等，推进农村空心化综合治理。第一，城乡经济统筹。城乡经济统筹是基础。城乡经济统筹关键在于建立城乡一体化的产业体系，明确产业分工和职能，实现资源和优势互补，有效解决城乡居民就业和收入增加。具体而言，在保障城市持续增长的同时，应重视劳动密集型产业，带动城市居民和进城务工农民广泛就业。农村依托城市产业和要素转移，大力发展现代农业，推进一二三产融合，提升农村经济实力。相比而言，农村产业发展对于解决农村空心化问题更为迫切。第二，城乡社会统筹。城乡社会统筹是保障。在推进城乡社会统筹过程中，要始终坚持政府规划引导、市场推进，农民主动参与的原则，把农村、农民的利益摆在重要位置。通过深化农村户籍制度改革、完善社会保障制度、精准扶贫（困）创新、教育均衡化、互联网和文化传播"最后一公里"工程、"全民阅读"和"政策解读"进农村社区、基层管理职业化等政策措施，有效解决农村的人口空心化、文化空心化和管理空心化问题，从而达到进城农民留得下、农村农民留得住、基层组织健全有效和社会主流文化发扬光大的目标。第三，城乡空间统筹。城乡空间统筹是深化。城乡空间统筹需要综合考虑农村的生产、生活、村容和管理等各个环节，以构建城乡一体基础设施、挖掘空心村土地潜力、改善农村生态环境和提升农村自我发展能力为核心目标，着力解决城乡空间布局、产业布局、基础设施、生态环境保护等问题，通过迁居重建、旧村改造、村庄整合等路径，集约式推进农村居民点布局科学合理化，促进城乡一体化发展。

本书首次将农村空心化划分为人口、村庄、产业、文化和管理空心化等方面，系统分析我国农村空心化的演化过程和特征，揭示农村空心化的形成机制和传导机制，并基于城乡统筹视角，从经济、社会和空间三个方面，分析提出农村空心化综合治理措施，拓展了区域经济学的研究范畴，具有一定的理论创新。基于理论研究和实地调研，本书提出的城乡经济、社会和空间统筹路径和模式，对于我国农村空心化综合治理有实际的参考价值。

书稿即将付梓之际，感谢书稿写作中给予关心指导的领导和专家们。我要向我的博士生导师陆林教授表示感谢，陆先生的睿智和洞察能力，使我受益匪浅，陆先生的严谨治学态度和豁达的生活理念是我终生学习的榜样。感谢安徽财经大学给予课题研究和书稿出版的支持和帮助。感谢区域经济学研究团队的周加来教授、李刚教授、张士杰副教授和国家行政学院的范迪军博士！感谢董青青、吴俊、李昭、张慧、任以胜、徐慧敏、孙昊、杨洋、陶冰雪、赵靖等同学在实地调研和资料整理方面提供的帮助。还要感谢本书参考文献的作者，对你们的专业知识水平表示由衷的敬佩！

由于本人学识浅薄，书中难免有疏漏甚至错误之处。恳请专家学者予以批评指正！

朱道才

2016 年 10 月

目 录
录
Contents

>   >   >   >   >   >

第一章

导　论

第一节　研究背景及意义

一、研究背景

1979 年开始，我国农村开始逐步实行家庭联产承包责任制，这不仅有效提高了农民从事农业生产的积极性，促进了农副产品产量增加和农民收入的提高，还引发了农村深层次变革。当粮食产量大幅度增加，尤其是农业产出持续提升时，农民温饱问题得以基本解决，大批的农村剩余劳动力从土地当中被释放出来，走向陌生的城市和岗位，为进一步增加家庭收入和更加富裕的生活而奔波，开启了农村空心化问题的初端。从 20 世纪 90 年代初开始，在城市的拉力和农村的推力共同作用下，我国出现了大规模的人口流动，大量农村剩余劳动力不断外流，一些有知识、有技术的农村居民以及年轻力壮者成为谋求城市发展的领先力量，农村常住人口逐渐减少，出现了村庄"人走房空"、农村聚落"外扩内空"现象。在广大农村地区，部分妇女、小孩和老人留在农村，俗称"386199"部队，形成了农村空心化现象的人口空心化。与此同时，个别家庭或村庄"人走房空"逐渐向整个农村成片废弃或闲置蔓延，逐步形成大规模的农村聚落空心化，在此基础上，人口空心化逐渐发展为农村人口、土地、产业以及基础设施的整体地域空心化，最终引致出大量农村空心村。21世纪以来，在新型工业化和新型城镇化的快速推进下，加上第二、第三产业产出的报酬率远远高于农业产出的报酬率，城市劳动力供给不足呈现全面系统特征，不仅东部沿海地区，乃至中西部地区，城镇和非农产业几乎都成为农村劳动力转移的对象，引起农村人口转移的新一轮大潮，加剧了已有的农村空心化问题。农村空心化是我国城镇化进程的必然产物，是我国整个社会转型过程中农村出现的一些独特现象。许多农村空心化问题使得农村经济整体受到制约，农业经济和社会发展颓废，乡村治理出现不稳定等严峻局面，城乡差距不断扩大，引发深层次社会问题，迫切需要深入研究并加以解决。

新中国成立以来，我国始终重视"三农"问题的解决。尤其党的十一届三中全会以来，中央先后分别于1982～1986年连续五年、2004～2016年又连续十三年发布了以农业、农村、农民为主题的"一号文件"，为农村改革和发展指明了方向，农村经济社会发展取得了显著的成就。1982年，国家第一次以"一号文件"形式发布关于"三农"问题的指导性意见，文件总结了历年来农村改革成效，并具体部署了现阶段农村改革和农业发展任务，肯定了包产到户等社会主义生产方式，把农民和土地从低效率的"大锅饭"生产方式中彻底解放出来，极大地提高了农民生产积极性和土地利用效率，是划时代的革命。2015年2月1日，中央政府出台的《关于加大改革创新力度加快农业现代化建设的若干意见》指出，在我国经济进入新常态的背景下，必须坚持把解决好"三农"问题作为全党工作的重中之重，深化农村改革，完善农村发展，推进"四化"同步发展。

在国家大力推进农村改革和农业发展的同时，我们必须清醒地认识到，我国城乡二元发展体制仍未出现根本性转变，城镇劳动力季节性、区域性短缺与农村劳动力候鸟式规律性转移同时并存，农村空心化问题越来越严重，一些社会问题开始激化，需要全社会加以关注解决。根据中国科学院地理科学与资源研究所刘彦随课题组发布的《中国乡村发展研究报告——农村空心化及其整治策略》，我国传统农区约1/4～1/3的农村出现了程度不同的空心化问题，可见我国农村空心化问题不仅没有停止或消失，而且有蔓延和扩大的趋势。截至2014年末，我国城镇化率达到54.77%，城镇常住人口

74916 万人，比上年末增加 1805 万人，乡村常住人口 61866 万人，减少
1095 万人。全国人户分离人口（即居住地和户口登记地不在同一个乡镇街
道且离开户口登记地半年以上的人口）2.98 亿人，比上年末增加 944 万人，
人户分离人口中流动人口为 2.53 亿人，比上年末增加 800 万人。有学者依
据当前我国的城乡政策和城镇化增长率预估，我国城镇化率在 2020 年将达
到 60% 以上，累计约减少农村人口 3 亿人。那么，伴随城镇化的快速推进，
农村人口大量外流，农村人口高峰期所建的房屋不断闲置，村庄逐渐老化、
废置，农村走向衰败的颓势将难以遏制。

党的十八大报告明确提出，要坚持走中国特色"四化"道路，促进新型
工业化、信息化、城镇化、农业现代化同步发展，推动城乡发展一体化。党
的十八届三中全会提出，城乡二元结构是制约城乡发展一体化的主要障碍，
要破解城乡二元结构，一方面必须健全体制机制，形成新型工农城乡关系，
让广大农民平等参与现代化进程、共同分享现代化成果；另一方面，要加快
构建新型农业经营体系，赋予农民更多财产权利，推进城乡要素平等交换和
公共资源均衡配置，完善城镇化健康发展的体制机制。党的十八届五中全会
提出了全面建成小康社会新的目标要求，明确要求到 2020 年，户籍人口城镇
化率需要加快提高，农业现代化要取得明显进展，人民生活水平和质量普遍
提高，我国现行标准下农村贫困人口实现脱贫，区域性整体贫困问题全部解
决。中共中央、国务院《关于落实发展新理念加快农业现代化 实现全面小
康目标的若干意见》对做好新时期农业农村工作作出了重要部署，要求牢固
树立和深入贯彻落实创新、协调、绿色、开放、共享的发展理念，大力推进
农业现代化，确保亿万农民与全国人民一道迈入全面小康社会。可以肯定地
说，党的十八大、十八届历次全会以及中央农村工作会议指明了农村工作的
目标、路径和具体措施，也为研究解决新时期农村空心化问题指明了方向。

二、研究意义

（一）理论意义

中外普遍存在农村空心化现象，发展中国家尤其突出。农村人口大量外

流，给工业和城镇化带来了积极影响，但由此引发的农村空心化的消极影响却不可忽视。我国作为一个人口大国，人均土地资源严重缺乏，城乡二元体制桎梏尚未打破，而农村空心化问题会加剧我国城乡差距扩大，阻碍城乡经济社会的可持续发展，影响我国全面小康社会建设。农村空心化演化周期规律决定了农村空心化现象必然在城镇化和新农村建设过程继续存在，且不利影响难以在短期内消除。因此，本书系统地分析了我国农村空心化的过程和机制，并将我国农村空心化的表现创新地划分为人口、村庄、产业、文化和管理等方面，从城乡统筹的视角提出经济、社会、空间等多维结构，并提出城乡统筹发展政策措施，拓展了区域经济学和经济地理学的研究内容，对于研究化解"三农问题"，加快推进新型城镇化，促进城乡全面实现小康的理论研究具有一定的参考价值。

（二）现实意义

党的十八大报告提出要优化国土空间开发格局，珍惜每一寸国土，控制开发强度，调整空间结构，促进生产空间集约高效、生活空间宜居适度、生态空间山清水秀，给自然留下更多修复空间，给农业留下更多良田。《投资蓝皮书：中国投资发展报告（2014）》预测到2030年中国总人口将可能超过15亿人，其中：城市和城镇人口将超过10亿人，城镇化水平有望达到70%以上。在新型城镇化发展过程中，农村转移人口不断增加，农村常住人口数量不断减少，村庄空心化程度必将加剧，所以必须坚持城乡一体，对农村空废村庄和土地进行有效治理，加快现代农业发展，构建新型农村文化和基层管理。因此，本书立足我国现阶段国情，以我国农村空心化的机制和调控为研究对象，探索农村空心化的演进规律，加大农村改革力度，加强城乡统筹，全面落实强农惠农富农政策，促进农业基础稳固、农村和谐稳定和农民安居乐业，为新型城镇化战略发展提供有效支持，为政府决策提供强有益参考，对破解我国二元体制结构难题，促进我国形成全新、良好、和谐、有序的农村社会秩序具有重要的现实意义和重大的政治意义。

第二节　研究内容与研究思路

一、研究内容

我国农村空心化问题在新时期新阶段主要表现为人口、村庄、产业、文化和管理空心化问题，并且存在一定的区域差异。本书从城乡统筹的视角，探索农村空心化问题的发展规律，从而寻求有效的治理措施。主要研究内容如下：

第一章，导论。本章主要从我国城乡二元体制的大背景出发，简要阐述我国农村空心化的产生过程、原因和表现形式，分析农村空心化的危害，以及我国政府解决"三农"问题的政策方针。阐述农村空心化问题治理的必要性和紧迫性，以及分析研究我国农村空心化问题的理论意义和现实意义。

第二章，中外农村空心化的理论研究与治理实践。本章主要从国内外有关农村空心化的文献研究出发，结合中外农村空心化的治理实践，重点联系我国新农村建设和农村改革的实际，系统全面分析我国农村空心化问题，总结农村空心化问题调控的实践经验，为本书研究的内容奠定坚实的理论基础和实践参考。

第三章，我国农村空心化问题的表现、特征和影响。本章主要从研究新时期我国农村空心化的表现出发，具体分析我国人口、村庄、产业、文化和管理空心化的特征，以及农村空心化给我国经济社会发展带来的不利影响。

第四章，我国农村空心化形成的过程和机制。根据我国农村劳动力转移过程及其表现，将我国农村空心化的演化历程分为 6 个阶段，即 1978~1991 年的出现阶段、1992~1999 年的发展阶段、2000~2015 加剧阶段、2016~2020 年改善阶段、2021~2030 年遏制阶段和 2031 年以后的消失阶段。基于劳动力转移分析架构，紧密结合经济社会发展实际，构建劳动力要素转移分析模型，分阶段从市场机制、要素转移和制度缺失三个要件，分析研究农村空心化的形成机制，以及五种类型农村空心化问题的相互关系，并建立农村空心化传导机制分析模型。

第五章，典型区域农村空心化比较研究。本章在对江苏、安徽和甘肃三省典型区域农村空心化现状分析的基础之上，分别测算县域视角和村域视角下农村空心化率，并进行比较研究，总结其经验教训，为其他地区农村空心化综合治理提供参考。

第六章，我国农村空心化的治理——城乡经济统筹。城乡统筹发展的基础是城乡经济统筹，发展农村产业则是城乡经济统筹的核心。本章分别从农业产业化、城乡产业协同发展、农村产业体系重塑等几个方面，分析提出城乡经济统筹的目标、路径和模式。以安徽省现代农业产业化联合体创新实践为例，阐述现代农业组织模式的创新对保障优质农产品供给、促进农业增效和农民增收，以及提高农业产业产出水平，增强农业和农村吸引力，有效解决农村空心化的积极作用。

第七章，我国农村空心化的治理——城乡社会统筹。城乡社会统筹是城乡统筹发展的保障，包含城乡就业、城乡教育、社会保障、城乡文化管理等多个方面统筹。本章主要从城乡社会角度分析提出城乡社会统筹的目标、路径和模式，并以成都市社会统筹实践为例，阐述城乡社会统筹如何实现城乡充分就业、城乡教育均等和城乡一体化社会保障，从而达到进城农民留得下、农村农民留得住、农村文化繁荣和基层组织健全，以及城乡关系效率的目标。

第八章，我国农村空心化的治理——城乡空间统筹。城乡空间统筹是城乡空间统筹规划的简称，是解决村镇"内空外扩"的空间蔓延以及提高农地利用效率的空间调控措施。本章主要从城乡空间角度，分析提出城乡空间统筹的目标、路径和模式，并以策底村为例，在实地调研基础上，实证分析村庄空心化现状和治理潜力。

第九章，安徽省农村空心化问题治理研究。本章依据第五、第六次人口普查数据、安徽省历年统计年鉴相关数据以及实地调研数据，借助 Mapinfo、SPSS 等软件，分析研究安徽省现阶段农村人口空心化、村庄空心化以及产业空心化的表现和机制，并提出安徽省解决农村空心化问题的政策措施，呈报相关省领导和职能部门审阅，实现社科理论研究的成果转化。

第十章，研究总结与展望。本章在前九章研究的基础之上，对我国农村空心化问题进行了系统总结，并对未来的相关研究进行展望。

二、研究思路

遵循从具体到抽象再到具体、一般到典型、理论（方法）创新到实践应用的逻辑思路。在理论研究和实践经验总结的基础上，首先，从研究中外农村空心化演进过程出发，揭示各阶段农村空心化的表现、特征以及时空格局；其次，选择江苏、安徽和甘肃等典型区域，进行农村空心化问题形成过程、机制和治理的比较研究，总结其经验和教训，为其他地区提供参考；再次，结合实地调研和典型案例，深入分析新时期我国农村空心化的过程、表现、特征、影响以及机制，以典型区域、典型做法为基础，提出包括经济、社会和空间统筹在内的统筹城乡发展措施，为政府制定实施相关政策措施提供借鉴；最后，针对安徽省农村空心化问题进行实证研究，重点分析安徽省人口、村庄和产业空心化问题，提出相应政策建议，呈报安徽省领导和职能部门审阅，推动理论研究成果的转化。

第三节　研究方法与技术路线

一、研究方法

（一）跨学科综合和系统分析法

依据区域经济学、发展经济学、社会学、地理学等学科理论进行跨学科综合研究，揭示省域农村空心化的机制和过程；并运用系统分析方法，将人口、村镇、产业、文化和管理空心化作为一个有机整体进行系统考察。

(二) 定量研究与定性研究相结合

农村空心化的出现是多重因素、多方力量互相影响的结果，其综合评价所涉及的指标和参数众多，定量指标和定性指标兼具，考察方式方法多样。全国各地农村空心化的演进过程、动力机制以及传导机制，需要在统计分析的基础上，通过归纳和演绎相结合才能得到结论。

(三) 一般性研究和典型案例研究相结合

一般性研究主要揭示农村空心化普遍性规律以及国内外农村空心化的时空格局，典型案例研究则在一般性研究的基础上，借助已有的研究成果，揭示典型区域农村空心化的特殊性规律，为全面把握以及有效解决农村空心化问题提供依据。

(四) 座谈会与问卷调查相结合

针对典型区域农村空心化的现状特征，课题组在 2012～2014 年，先后 8 次对江苏省、安徽省、四川省、辽宁省和甘肃省的 9 个村庄进行了实地调研，通过发放调查问卷、宅基地入户调查以及与村干部座谈等方式，并在南分路村、双墩村、尧南社区、邵营村、黄山村和策底村 6 个村庄共发放问卷 3000 余份，其中:《农村人口空心化的调查问卷》2000 余份，收回有效问卷 1596 份，问卷回收率 79.8%。实地访谈，完成《村庄空心化的调查问卷》《农村产业空心化的调查问卷》《农村基层教育调查 (访谈) 问卷》和《农村基层组织工作调查问卷》各 30 余份，完成《农村文化调查问卷》200 余份，完成《工作生活地点选择意愿调查表》300 余份。

二、技术路线

研究的技术路线可以概括为图 1-1。

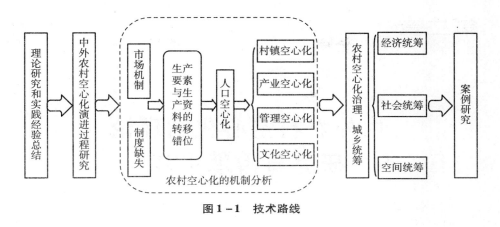

图 1-1 技术路线

第四节 研究创新

本书研究的创新之处主要有：

第一，研究内容的扩展。目前，相关研究集中在村庄空心化和农村人口空心化，相对缺乏农村产业空心化和管理空心化的研究，少见文化"空心化"方面的研究。本书从人口、村庄、产业、管理、文化等方面进行了系统性分析，扩展了农村空心化的相关领域的研究内容，为全面、深入研究解决农村空心化问题提供有益的探索。

第二，研究视角的创新。目前，农村空心化问题的相关研究主要侧重于"空间结构"视角，研究空心村如何治理，忽视了城乡二元体制给农村带来的影响，没有系统研究农村转移人口的城市融入、农村留守人员生活福祉提升，以及基于农村环境改善、农村产业发展的农村就近城镇化。本书依据城乡关系的演化规律，从统筹城乡发展的视角，在研究新时期农村空心化演进过程和机制的同时，重点从城乡经济、社会和空间统筹三个方面提出系统的调控措施，期望有助于我国农村空心化问题有效治理。

第二章

中外农村空心化的理论
研究与治理实践

第一节 中外农村空心化的理论研究

严格意义上说，农村空心化是我国经济社会发展过程中资源配置和制度设计错配等累积形成的独特现象。在市场经济国家，城市化是在市场调节下进行的。一些发达国家，如美国、英国、韩国、日本等国家城市化基本完成，尽管其历史上甚至现在仍旧存在"城市抽干农村劳动力"的现象，但我国的农村空心化问题爆发之剧、影响之大仍属罕见。我国农村空心化问题形成已久，给经济社会发展带来了许多不利影响，引起了社会各界的广泛关注。目前，农村空心化研究主要围绕农村空心化的内涵、形成机制、影响和治理等方面。国外学者主要探讨的是劳动力转移和发展中国家农村发展问题。

一、农村空心化的内涵

关于农村空心化的概念和内涵，学术界还没有给出统一的定义，学者们立足本学科知识理论，从地理学、经济学、社会学等多种角度对农村空心化的概念做出了解释。一些地理学者从地理学角度认为，空心村的出现是社会经济在运行过程中，村庄外围粗放发展和村庄内部则日趋衰败的空间形态分异；并且农村空心化表现为单核和多核同心圆式两种形式，其中单核同心圆式空心村比较容易发生在村庄相隔较远、规模较大的村庄，多核式空心村常见于相隔较近的几个村庄。刘彦随、刘玉和翟荣新（2009）认为，空心村是在我国特有的城镇化过程中发生的，对我国城镇化的推进具有一定影响。农村空心化从表象上是指在我国城乡转型发展进程中，农村从业人口逐渐非农化，进而引起"人走屋空"，宅基地建新不拆旧现象普遍，新建住宅向外围扩展成为主要趋势，这样导致村庄用地规模扩大，而原宅基地却加剧闲置废弃，形成一种不良演化过程，其本质是一个由农村人口大量转移引起的农村整体经济社会功能综合退化的过程。一些社会学者从人口学角度认为，随着工业化、城市化的快速推进，农村青壮年劳动力大量流入城市，农村常住人口和农村青壮年人口比例均持续下降，留守农村的人口多为老人、妇女和儿童，部分农村地区出现了空心化现象。谷云凤、郭秀伟（2007）认为，我国农村空心化已经表现为经济层面上的空心村和地理层面上的空心村的相互交织。林孟清（2010）认为，农村空心化现象不仅指农业人才大量流失，而且包括农村生产生活中工、商、科、教、文、卫各个部门的人才空缺现象。

二、农村空心化的形成机制

影响农村空心化的因素有很多方面，包括自然、经济、社会和心理因素，以及空间因素。王海兰（2005）从空间布局角度分析出发，认为农村住宅的空间布局一直处于动态变化当中，旧有聚落固有的缺陷和农民对住房需求的新要求，土地使用制度不完善、农村宅基地管理法缺失，土地边际生产力低以及传统观念是"空心村"形成的主要原因。张春娟（2004）认为，在中国城市化背景下农村空心化现象出现的主要原因是中国城市化发展滞后，农村人口大规模地向城市迁移，原有农村规划与高效农业发展的不适应，农村建设缺乏规划和建设管理滞后等方面。刘彦随、刘玉（2010）认为，在推进社会主义新农村建设和促进城乡统筹发展的时代背景下，原村庄的资源与环境是农村空心化发生、发展的重要前提，城乡分割的二元体制是空心村形成的根本原因。另外，经济与社会因素、管理与政策因素都影响着农村空心化的形成与发展。总之，在城乡二元体制下，城市化发展速度和工业化发展速度脱节是农村空心化问题产生的根本原因，应予以高度重视并采取有效的措施来解决。

中外关于农村劳动力流动研究较多，具有代表性的主要有刘易斯的二元结构模型、费景汉－拉尼斯模型（Ranis－Fei model）、托达罗模型（Todaro model）和"推—拉"理论等，对于探索农村人口空心化的机制具有一定指导意义。美国经济学家刘易斯（1954）将发展中国家的经济部门分为工业部门和传统农业部门，由于工业部门的工资要高于传统农业部门的工资，从而促进大量劳动力的快速流动。当大量劳动力流入工业部门后，工业部门的利润也日益增加，反过来又吸引了更多的劳动力资源。在此过程中工资水平一直保持不变，直至传统农业部门剩余劳动力完全被工业部门所吸收。国内学者则从我国的实际情况出发，刘彦随（2009）认为，农村空心化现象反映的是城乡要素的流动和乡村要素结构演化，"推拉理论"是人口转移重要理论之一，能够形象解释现阶段我国农村人口的城镇化迁移。陈家喜（2012）认为，农村空心化形成动力主要来源于三个方面：一是市场经济体制加速经济社会各要素流动；二是工业化进程带动了原农业劳动力的跨区域流动；三是城镇化进程拉动农村人口外流。刘锐（2013）认为农村空心村是我国经济社会发展过程中必然出现的现象，农村空心化的形成机制不仅与人口流动有关，还与我国农村的二元经济结构有关，试图在短期内消灭空心村的治理方案既不科学，也不实际。此外，一些学者还认为空心村的形成，不仅与城乡二元结构的分割、农村宅基地制度的限制、土地管理体制不健全及村庄体系规划的不完善等体制机制有关，还与我国在国际经济体系中的位置缺失有关。

三、农村空心化的影响

很多学者倾向认为农村空心化的影响既有利也有弊，具有明显的两面性，但后者远远大于前者。刘彦随（2010）在系统分析空心化村庄用地结构与潜力、类型及演进规律后，认为当前我国农村空心化将造成耕地资源的严重流失、农村整体面貌难以改变、乡村人居环境受到破坏等负效应，给农村带来严重影响，不利于农业和农村经济可持续发展。李周、任常青（2013）认为农村空心化是对我国农村转型过程中出现的一些现象的概括，农村空心化的出现将会导致农村年轻人比例下降、村庄建设用地浪费严重、乡土文化被边缘化、现代生产要素的过度使用不利于农业永续发展等现象。综合来看，农村空心化对"三农"及整个国家社会经济发展各方面都有综合性影响，这种综合影响可以归纳为积极影响和消极影响两方面。积极影响方面，主要表现为农村转移人口离开农村是资源有效配置的结果，从而导致农村空心化有利于拓宽农民的收入渠道，进而有助于改善农民的生活状况，有利于经济的发展、农村居民人口素质的相对提升，以及加速社会变迁。但是农村空心化消极影响则表现在多个方面，危害性较大，如农村空心化造成人力资源流失，人才资源不足；资本流失，农业产业空洞化弊端突现；农业资源浪费，住房与宅基地管理不善，缺乏充分利用；农村建设布局改变，居住环境一定程度上更加恶化；人口结构失调，带来一系列新的人口问题；农村教育发展困难和农村文化传承面临难题七个方面。

四、农村空心化的治理

农村空心化造成了大量土地资源的浪费，对社会主义新农村建设和城乡统筹发展提出了挑战，成为阻碍农村经济发展的重要因素，为诸多社会问题埋下隐患，成为经济社会发展中面临的一个重大社会问题。因此，深入研究农村空心化问题的治理思路，并形成可操作性政策措施具有重要价值。周祝平（2008）认为，农村人口空心化是我国社会经济转型的必然结果，给农业生产、新农村建设、社会保障和土地制度改革带来巨大挑战，必须基于我国长期社会经济转型的历史高度，统筹实施农业转型发展战略及农村社会保障战略。杨忍、刘彦随和陈秧分（2012）综合评价了我国县域尺度的农村空心化程度，并进行了地域分区，认为农村空心化的治理应该遵循因地制宜原则，分类、分区治理，其中，新型城镇化战略是空心村综合整治的核心动力。通过提升城镇化发展质量，有针对性地重塑农村组织、产业与空间结构，促进新农村建设与城乡等值化发展。汪恭礼（2014）提出应高标准推进村庄整治，科学合理制定村庄发展规划，积极发展乡村小城镇和中心村，大力加强乡村基础设施体系和公共服务体系建设，建立灵活的宅基地退出机制等政策建议。

第二节　中外农村空心化的治理实践

国内外关于空心村治理的实践很多，基本都是在结合国情的基础上，因地制宜，通过实施农村居民点建设规划等系列举措，探索出不同的空心村治理路径，有效地解决了农村空心化问题。党的十八届三中全会提出坚持走中国特色新型城镇化道路，推进以人为核心的城镇化，为我国进行农村空心化综合治理指明了方向。本章结合韩国新村运动、日本村庄建设、德国等值化运动、山东省建设集约型村庄以及江苏省苏州市建设新型农村社区等案例，分析中外农村空心化治理实践所取得的成就和经验，为我国农村空心化问题治理提供有益的借鉴。

一、韩国新村运动

20 世纪 60 年代初，韩国在推进城市化和工业化过程中，工业和农业发展严重脱节，城乡差距逐步增大，导致大量的农村劳动力向城市转移。为了治理农村"空心化"问题，从 70 年代开始，韩国政府逐步实施以"勤奋、自助、合作"为宗旨的"新村运动"。"新村运动"的基本思路就是通过在村庄基础设施上的投资，改善农村居民的生活环境，把传统落后的乡村改造为现代进步的希望之乡。韩国政府按照不同村庄的综合发展水平，在全国范围内将所有村庄划分为基础村、自助村、自立村三种类型，各自的发展目标和政策不同。基础村发展目标是改善村庄生活环境，培育村民的自助精神；自助村发展目标是改善村镇结构，改良土壤，完善农田水利，开展多种经营，提升农业就业水平；自立村发展目标是提高农业的机械化、科技化水平，实现标准化生产，促进乡村加工业、畜牧业和农副业繁荣，建设标准化农村居民住宅。通过"新村运动"，韩国村庄基础设施不断完善，农村金融、流通和保险业也得到快速发展，城乡差距大幅度缩小。

二、日本村庄建设

从 20 世纪 60 年代开始，随着日本城市经济快速发展，大量农村人口流向城市，城乡人口严重失衡。70 年代末，为重振农村经济，在日本政府的大力支持下，"造村运动"在日本乡村自发性地繁荣开展起来。日本在农村建设过程中坚持民间主导、政府引导，走合作化和农村工业化道路。在充分尊重农民自发性、自主性基础上，政府大力支持农业生产、农村基础设施建设和农技推广，为农民提供良好的基础平台。在坚持私有制的前提下，大力推行合作化道路，形成农业协同组合，不仅扩大了农业经营的规模，还在农村生活和金融领域占据了主导地位，使得农民参与到国家的政治生活，提高了农民维护自身利益和参政议政的能力。通过农工商结合，走农村工业化道路，以工业思维发展农业经济，促进了农业农村的飞速发展，极大地提高农民的富裕程度。

三、德国等值化运动

第二次世界大战结束后，德国农村产业基础极其薄弱，城乡社会经济差距巨大，且城市在就业、环境等诸多方面也面临着严峻的挑战。在这一背景下，汉斯—赛德尔基金会提出了"等值化"理念，指出"在农村地区生活，并不代表可以降低生活质量"，通过土地整治和村庄改革等方式，实现"与城市生活不同类但等值"，促使农村与城市平衡发展。21 世纪以后，德国将可持续发展理念融入国家乡村发展计划中，开始整治乡村土地，平衡农业和林业用地结构，保护农村生态环境；改善乡村道路，强化农业用水管理，改善农业设施；保护乡村历史文化遗产；完善农产品质量安全体系，简化土地交易程序，实现市场化管理；鼓励商业资本投资农业，构建有机农产品市场和地方农产品市场；对地处贫困地区或农业发展受到环境约束的地区农民给予补偿。

四、山东省建设集约型村庄

山东省是我国最早探索村庄合并的省份之一。村庄合并方式因地制宜，主要包括三种类型：一是村企合一类型，如龙口市东江镇前宋村，从1994年开始实施"强弱连带"战略，即由实力雄厚的乡村领军企业南山集团，先后兼并周边9个村庄，通过工业资本为被兼并村村民新建住房等基础设施，并安排就业。二是行政村合并社区类型，如临沂市兰山区义堂镇，从1999年开始将全镇35个行政村划分为8个农村社区和一个中心居住区，集体投资兴建农民公寓和小康住宅楼，平均每年退耕还田220亩，减少新建房占地130亩，节约了7000亩土地，缓解了本地土地供求不平衡的矛盾。三是小合大与强并弱类型，如威海市强村兼并联合84个弱村，实行大村统一规划建设，统一资源开发，统一劳力安排，统一成果共享，通过"四个统一"带动周边弱村快速致富。

五、江苏省建设新型农村社区

由于江苏省苏州市总人口的快速增加，村庄总体布局和发展呈现自然村数量多、规模小状况，大多数村庄住宅尚不能满足本地居住需求；村庄基础设施初步完善，但全面覆盖成本较高，土地集约化利用水平较低；公共服务设施基本健全，但居住环境亟待改善。江苏省于2005年下发了《关于做好全省镇村布局规划编制工作的通知》，在此背景下，苏州市结合农村实际情况，开展全市范围内的新型农村社区建设，创造出四种比较典型的新型农村社区，有效地解决了城郊农村空心化问题。第一种是城市社区建设。苏州通过村镇撤并、镇村布局调整，从乡村工业、小城镇发展为主转向外向型经济、中心城镇发展为主，形成大量的城镇拆迁社区和征地农民安置社区，在农村土地转化为城市建设用地的同时，保障了农民的居住和收益权利。第二种是集中居住型社区建设。通过村庄撤并、盘整农业用地、归并农民居住等措施，把分散的农户向城镇和新型农村社区集中。第三种是旧村改造型社区建设。保留那些人口规模较大、用地较集中的村庄，集聚附近小型自然村的村民。第四种是生态自然型社区建设。对于一些自然环境较好和自然资源较丰富的村庄，通过综合整治开发，发展生态旅游产业，引导村庄发展。

六、重庆市农村土地整治模式

重庆市是我国最年轻的直辖市，乡村点多、面广、布局分散，农村地区经济水平、产业结构、文化习俗、生态环境等差异显著。随着新型城镇化和工业化进程的不断加快，以建设经济繁荣、社会和谐、环境优美、农民安居的美丽村庄为目标，重庆市采用城乡协调型建设模式、村内整合型建设模式和迁村并居型建设模式等，稳步推进农村空心化治理。城乡协调型建设模式所属村庄紧邻城镇，土地利用水平较高，农村建设用地资产化功能显著，强调充分发挥地区区位优势，挖掘农村建设用地整治潜力。村内整合型建设模式多为规模较大的中心村，整合一户多宅、少批多占、废弃分散的宅基地，配套一定规模的公共服务设施，农村建设用地资产化功能导向明显。迁村并居型建设模式居住适宜性较差，通过对自然村庄进行选择性搬迁，对农村社区化进行安置。通过不同地区发展不同类型的农村社区模式，重庆市的农村空心化治理取到了显著成效。

重庆市农村土地改革实践中，最引人关注的是自 2008 年起探索的土地改革制度，即"地票"制度。"地票"制度可以看做是我国现在推行的"PPP"的雏形，是指将农村宅基地及其附属设施用地、乡镇企业用地、农村公共设施和农村公益事业用地等闲置的农村集体建设用地，经过复垦并经土地管理部门严格验收后，产生的建设用地指标通过交易，安置拥有农村土地的农村转移人口的城市，即获得地票者可以在重庆市域范围内，申请将符合城乡总体规划和土地利用规划的农用地，转为城市建设用地。"地票"制度实行近 8 年来，重庆 15 万多亩农村闲置的建设性用地复垦为耕地，15 万多亩土地指标的交易价格扣除农地复垦的成本，15% 归集体，剩下的 85% 全部归农民，农民获得收入近 300 亿元。此外，"地票"制度也为重庆城市化提供了大量的城市建设和工业用地指标，实现了城市经济发展和农民利益保障的双赢。

第三节 本章小结

　　本章首先围绕农村空心化的内涵、形成机制、影响和治理等方面，搜集整理中外学者关于农村空心化问题的理论研究，掌握农村空心化问题研究思路、研究方法和理论基础，为开展本课题研究提供理论和方法支撑。其次，本章结合韩国新村运动、日本村庄建设、德国等值化运动、山东省建设集约型村庄以及江苏省苏州市建设新型农村社区等案例，分析中外农村空心化治理过程中的成功经验和具体做法，为本课题结合新时期、新阶段我国农村空心化问题现状，提出有效治理措施提供参考，也为我国各地结合本地实际，进行农村空心化治理提供有益的借鉴。

第三章

我国农村空心化问题的
表现、特征和影响

第一节　我国农村空心化问题的表现及特征

目前，我国正处于城乡转型发展的特殊阶段，伴随大量农村人口进入城镇，导致农村空心化现象日渐严重，主要表现为农村人口非农化引起"人走屋空"，普遍的宅基地"建新不拆旧"，新建住宅向村庄外围扩展而原宅基地闲置废弃，用地规模扩大，形成一种不良演化过程，导致人口稀少、土地资源的粗放利用和农村经济发展动力不足。现阶段，我国城乡二元体制的架构仍旧存在，城乡之间的利益冲突逐渐凸显，进城农民工的就业和生存压力尚未根本缓解，户籍制度、公共服务制度和农村土地制度等改革步伐滞后，农村产业落后，农村环境有待进一步改善，农村规划管理体制不健全。因此，农村空心化问题在未来相当长的一段时间继续存在，不排除在特定时期、特定区域更加加剧。

一、农村人口空心化

农村人口空心化是指在农村推力和城市拉力共同作用下，农村人口大量转移至城市和非农业部门，造成农村常住人口规模减少和结构恶化的现象。

农村人口空心化是农村空心化的首要表现，也是引发农村空心化问题的最直接和根本原因。农村人口空心化主要表现为农村常住人口、农业从业人口规模缩减，以及农村人口结构的畸形变化。

（一）农村人口数量急剧减少，农业从业人数下降

农村人口数量急剧减少主要从两个方面表现出来：一是农村人口绝对规模缩小。农村转移人口大量外流，迁移到城市，农村人口迁移的数量大于新增人口的数量，致使农村人口在绝对数量上急剧减少。如图 3－1 所示，我国农村人口数量从 1995 年开始出现历史性的下降趋势，农村人口占总人口的比重从 1978 年的 82.08%下降到 2013 年的 46.27%，年均减少 458 万人。据《中国流动人口发展报告 2011》预测，到 2020 年将累计转移农村人口 1 亿以上，城镇人口将超过 8 亿，农村人口数量下降的趋势十分显著。二是农村人口相对规模缩减。农村人口数量的减少，使农村人口在相对数量上显著减少。虽然部分进城农民仍保留农村户口，但是一年中有超过 6 个月的时间不在农村生活，大部分人除春节回农村外，其余时间均在城镇里打工、生活。2014 年《全国农民工监测调查报告》显示，2014 年外出农民工占全国农民工数的 61.40%，总人数达到 16821 万人，在外出农民工中，举家外出农民工比例占到 21.27%，较 2013 年增加了 53 万人。由于农村人口向城镇

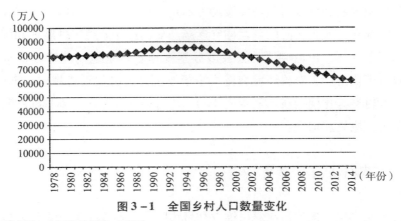

图 3－1　全国乡村人口数量变化

资料来源：中国统计年鉴（2005）。

大规模迁移，导致在农村从事农业生产的劳动力大量减少，如图 3-2 所示，我国第一产业就业人数从 2002 年的 36640 万人逐年下降至 2014 年的 22790 万人，年均减少 4.04%，占比由 2002 年的 50% 下降至 2014 年的 29.5%，第一产业就业人数呈显著下降趋势。

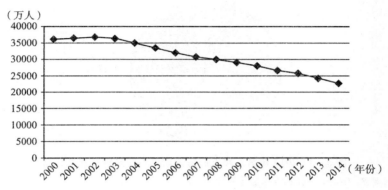

图 3-2　全国第一产业就业人数变化

资料来源：中国统计年鉴（2015）。

（二）优秀劳动力大量外流，留守人口素质较低

伴随新型工业化和新型城镇化进程的加快推进，城乡人口迁移动力机制逐步形成，大量农村人口特别是青壮年、有知识有技能的人向城镇流动，农村受教育程度较高的新生代农民也随之流失，农村剩余人口受教育程度普遍偏低。如图 3-3 所示，2010 年我国农村地区小学及以下学历人群占比为 45.31%，初中为 44.91%，高中及以上学历人群仅占总人数的 9.78%。《全国农民工监测调查报告 2014》统计表明，2014 年我国农民工以青壮年为主，16~20 岁占 3.5%，21~30 岁占 30.2%，31~40 岁占 22.8%，41~50 岁占 26.4%，50 岁以上的农民工占 17.1%。文化水平在高中及以上程度的农民工占 23.8%，其中外出农民工文化水平在高中及以上程度的占 26%，而本地农民工文化水平在高中及以上程度的占 21.4%。这些受教育程度较高的劳动力的流失，极大地改变了农村留守人员知识及受教育程度的结构。农村人口中青壮年劳动力大量减少、比例下降，形成以非劳动群体和大龄劳动力

为主的留守人员，农业劳动力素质普遍偏低，造成了农村劳动力结构上的不合理。

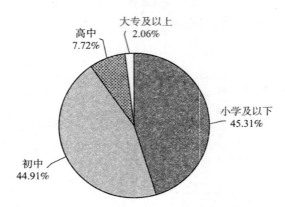

图 3 - 3　2010 年第六次人口普查农村人口受教育程度分布

资料来源：国家统计局 2010 年第六次人口普查。

（三）农村留守人口结构异化，社会问题十分严峻

农村留守人口结构异化除了上述新生代农民减少、人口文化素质低以外，还体现在人口老龄化和人口妇孺化两个重要方面。如图 3 - 4 所示，2010 年全国第六次人口普查数据显示，2010 年我国农村 60 岁以上人口占比高达 14.98%，比 2000 年第五次人口普查增长了 4.06 个百分点，农村老年人口占比呈稳定上升趋势。依据国际通行标准，当某地区 60 岁以上人口数占总人口比重超过总人数的 10% 时，基本可判断该地区进入了"老龄化社会"，从人口普查数据可以看出，我国农村地区从 2000 年开始便已进入老龄化社会。同时，2010 年我国农村地区 40 ~ 59 岁的潜在老龄人口占比接近30%，且逐年增长，而 0 ~ 14 岁以及 15 ~ 39 岁这两个年龄段人口所占比例逐步下降，表明当前中国农村地区人口老龄化形势已十分严峻，农村人口老龄化带给社会的压力也将越来越大。随着近几年东部沿海经济发达地区"用工荒"的出现，一些企业放宽招工年龄，从 18 ~ 35 岁放宽到 18 ~ 40 岁甚至到 50 岁，政策的放宽使得农村一部分中年劳动力也向城市转移，农村青壮年劳动力的大量转移使得农村低年龄段人口急速萎缩。2014 年国家统

计局发布的《全国农民工监测调查报告》表明，2014 年我国农民工总量达到 27395 万人，年龄在 40 岁以下的农民工占农民工总数的 56.6%，总人数达到 15478 万人，农民工以青壮年为主，随着农村青壮年劳动力的大量外流，农村人口老龄化将进一步加重。此外，农村留守人口中留守妇女和留守儿童也较多。全国第六次人口普查数据表明，除了 6000 万留守儿童，我国农村还有 4000 万留守老人、5000 万留守妇女。留守儿童的文化教育、留守妇女的心理抚慰、农村养老问题，以及留守人员的人身安全和生活保障等更加突出，引发更多复杂的社会问题，强化了农村发展的脆弱性和生活风险。

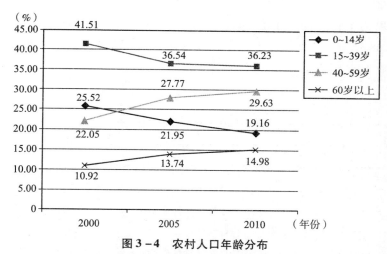

图 3－4　农村人口年龄分布

资料来源：国家统计局 2000 年和 2010 年人口普查和 2005 年 1% 人口抽样调查。

二、农村村庄空心化

农村村庄空心化一般是指农村人口空心化后导致的房屋空置或衰败，以及农村村庄无度扩展，村庄外扩内空，导致土地利用效率下降的现象。村庄空心化是农村空心化的最明显表现，是村庄整治、土地复垦的核心内容，也是地理学、规划学等研究的热点。

(一) 村庄无序扩张，新建住房面积不断增加

由于我国宅基地退出机制及村域土地利用和监督机制不健全，面对自然条件约束，在当前社会经济转型新形势下，建新不拆旧、继承、强占等现象普遍，造成一户多宅、建筑面积超标等严重问题。如图 3 – 5 所示，改革开放至今，随着经济发展水平和农民改善住房需求的不断提升，我国农村居民人均住房面积显著增加，由 1978 年的 8.1 平方米增加至 2012 年的 37.09 平方米，30 多年间增长了 4.58 倍，新建住房总面积年均增加 8.08 亿平方米，随着农村新建住房面积的不断增加，新增住房不断由原居住中心向村庄外围无序扩张，向城镇、企业和交通线方向蔓延。另据统计，全国约 64 万个行政村 330 万个自然村，有近 2.25 亿农户，7.24 亿农村人口，农村居民点用地达 2.48 亿亩，户均超过 1 亩，人均达 229 平方米，远远超过国家规定的150 平方米的上限标准。

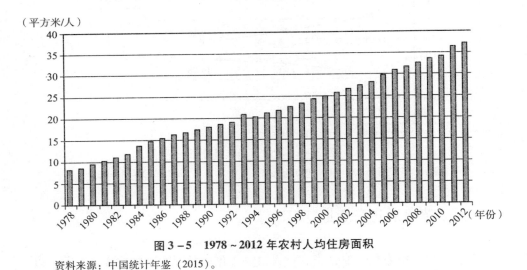

（平方米/人）

图 3 – 5 1978 ~ 2012 年农村人均住房面积
资料来源：中国统计年鉴（2015）。

(二) 村庄内部宅基地老化严重，废弃现象大量出现

调研资料显示，我国农村分别于 20 世纪 60 年代、80 年代、90 年代和21 世纪初进行了 4 次不同程度的建房运动，农民每次新建更大面积住房的

同时，不拆除原有老旧房屋，这些老旧房屋位于村庄内部，房屋老化现象严重。由于资金及劳动力缺乏等原因，村庄内部宅基地老化得不到修葺，大多房屋被废弃或闲置。据有关调研资料显示，我国村庄宅基地的平均空心化率约为 10.15%，其中村庄宅基地发生轻度空心化约为 41.98%，中度空心化约为 26.54%，重度空心化约为 9.26%，农村宅基地空心化问题发生概率平均为 77.78%。刘彦随等对山东禹城典型村庄用地潜力调查与评价后发现：48 个典型村宅基地废弃率平均为 8.4%，最大值为 25%；宅基地空闲率平均为 10.0%，最大值为 18.7%，由此可见，我国农村宅基地空心化问题已十分严峻。

（三）伴随农民规律性转移，多数农村住房季节性闲置

受农民进城务工的影响，农村出现了宅基地闲置现象，尽管不同地域宅基地闲置情况不同，但总体上看，农民真正融入城市、永久抛弃宅基地的情况并不多见。"离乡不离籍"式农村流动人口数量增加导致大量农村宅基地的季节性闲置。据 2014 年《全国农民工监测调查报告》统计，2014 年外出农民工总数达到 16821 万人，年从业时间平均为 10 个月，许多外出打工的青壮年平时租住在城市出租房，农忙或者过节时回到农村居住，形成了农村住房的季节性闲置。只有极少数完全脱离农地的农民才可能将宅基地废弃，至于半工半农，乃至举家外出务工的农民往往只是季节性闲置宅基地，并不是永久抛弃老房子。

三、农村产业空心化

农村产业空心化是指由于农业本身弱势地位、农业投入不足、农业从业人员减少或农业经营管理不善，以及非农产业发展不足所引起的农村产业矮化（指农村产业层级低、附加值少）和农村产业空洞化（指农地荒废、产出减少），导致整个农村产业效率降低。

（一）城乡投资差距较大，农村产业发展矮化

如图 3-6 所示，2014 年我国城镇固定资产投资高达 501264.87 亿

元，而农村农户固定资产投资仅为 10755.78 亿元，只相当于城镇规模的
2.15%；2010～2014 年，城镇固定资产投资年均增长 25.86%，而农村仅为
9.10%，城乡固定资产投资差距过大给农村产业的发展带来了严重影响，农
业产业矮化非常突出，城乡差距进一步加剧。我国农村非农产业组织小型
化，缺乏核心竞争力，农产品深加工比重较小，产品附加值低，不能发挥品
牌经济效应；农村工业整体实力不强，每个企业从业人员平均不到 9 人，平
均固定资产 11 万元，农村工业企业"小而全"的结构，使农村企业之间、
农村工业与城市工业之间缺乏生产分工协作，难以取得规模效益和集聚效
益，2014 年我国乡村就业人数为 37943 万人，而同期农村人口为 6.19 亿，
可见农村非农产业发展仍然不足，吸纳农民就地就业的能力有限。

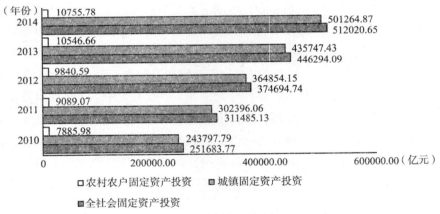

图 3 - 6　2010～2014 年全社会固定资产投资分布

资料来源：《中国统计年鉴》(2011～2015)。

(二) 农地耕种面积减少，农村产业发展空洞化

耕地是农业生产的基础，是农业可持续发展的重要保证。1996 年，我
国的耕地数量还维持在 19.51 亿亩，2012 年仅剩 18.26 亿亩，18 亿亩耕地
红线岌岌可危；人均耕地面积由 1996 年的 1.58 亩减少到 2012 年的 1.38
亩，仅达到世界平均人均耕地水平的 40%。2014 年最新数据显示，我国家
庭承包耕地流转面积达到 4 亿亩，占家庭承包经营耕地面积的 30.4%，比

2013 年高出 4.7 个百分点。与耕地数量减少相伴而生的是我国农村土地撂荒现象的出现。我国农村土地撂荒主要表现为隐形撂荒和显性撂荒两种形式。隐形撂荒表现为减少生产投入、降低各种复种指数、不求耕种致富但求温饱自足等粗放耕作的现象；显性撂荒表现为老弱户、举家外出户等，由于缺失从事农业生产的劳动力，完全放弃旧有的农田耕种生活，全年撂荒土地的现象。根据最近 20 年的统计情况，我国的土地撂荒现象范围很广，涉及全国的 21 个省的 107 个县。

四、农村管理空心化

农村管理空心化是指农村基层组织管理主体、客体缺失，农村基层管理者素质不高，农村基层管理事情多、责任大，但权力小、收益少，从而导致农村基层组织人员配备不齐，工作效果较差的现象。

（一）管理双体缺乏，组织管理效果不高

村民委员会是由村民选举产生的群众性自治组织，是农村基层组织管理的主体。然而，根据可获得的最新数据显示，随着农村人口的大量外流，村委会个数由 2004 年的 652718 个减少到 2013 年的 588547 个，村委会成员数由 2004 年的 292.1 万人减少到 2013 年的 232.3 万人，10 年间村委会无论从组织数量上还是人员数量上都出现了一定程度的下降。据课题组的实地调查显示，一些农村，特别是欠发达地区的农村，由于文化水平较高、头脑相对灵活的农民大量转移到城镇谋求发展，出现了基层组织无人问津的尴尬局面，现当选农村基层组织成员素质结构整体降低，工作起来勉为其难，基层组织管理弱化。

（二）留守人员素质较低，基层管理难度加大

2014 年，全国农民工总量为 27395 万人，其中男性占比为 67.0%，女性为 33.0%，16 ~ 50 岁农业转移人口占比高达 82.9%，农民工以男性青壮年为主，留守人员主要为老人、妇女和小孩。按文化程度构成看，外出农业转移人口的受教育水平显著高于留守人员。在留守人员中，文盲占 8.3%，

初中及以下学历占比高达89.1%，大专及以上学历的仅为1.4%。留守人员中，老人、妇女、儿童占绝大多数，相对来说，这些人自我保护能力较弱，人身和财产安全隐患较大。而基层组织人员少，基本上无工作经费，很多关系农民的工作都要基层组织和完成，事情多，任务重，责任重大，基层组织苦不堪言，管理效果自然不能让群众满意。

五、农村文化空心化

农村文化空心化是指由于农村公共文化设施不足、农村公共文化资源不能满足农民需要、农村留守人员文化素质低，以及文化传播过程中组织管理不力，而导致传统优秀文化、社会主义价值观等先进文化在农村普遍缺失，不健康文化滋生的现象。

（一）农村公共文化资源不足，村民参与热情不高

国家统计局网站公布的全国乡村文化设施的最近数据显示，2014年全国文化市场经营单位（含互联网上网服务营业场所、娱乐场所和民营艺术表演团体）22万个，从业人员1323248人，其中县级以下地区仅有52125个，占23.7%，从业人员188248人，占14.2%。2014年全国文化事业费已达到583.44亿元，其中县及县以下为291.32亿元，占49.9%。调研中，我们还发现一些地方进行文化传播，如送电影下乡、送戏下乡，传播的形式传统、内容陈旧，对农民的吸引力不强。此外，随着大量有知识、有文化的青壮年人才到城镇里谋生，使农村文化建设缺少了必要的群众基础。留守人员以老人、妇女和儿童为主体，他们普遍对于农村文化建设缺乏热情，平时多以在家看电视打发时间，农家书屋、阅览室等成了摆设。

（二）农村传统文化逐渐流失，不健康文化抬头

近年来，伴随着农村青壮年人才的大量外流，我国农村传统的民族文化逐渐流失。古建筑、古村落等物质文化遗产数量不断减少；民间工艺、地方戏曲、民间舞蹈等非物质文化遗产由于缺少继承人也从农村逐渐消失。而与传统文化逐渐流失相对应的是落后的封建文化和腐朽文化开始抬头。近几

年，赌博在农村逐渐盛行，赌博的地点甚至遍及农村的每个角落，参与赌博的人数越来越多、赌博的金额越来越大、赌博的方式也日渐公开化，对农村社会风气造成极大伤害。与赌博一同在农村死灰复燃的还有封建迷信活动，农村留守老人、妇女由于公共文化生活的缺乏，不少人成群结队，甚至举家参加封建迷信活动，彰显社会正能量文化无处寻踪。

（三）农村学校不断缩减，农村教育形式堪忧

如图 3 - 7 和图 3 - 8 所示，近 10 年间，农村普通小学学校数量由 2004 年的 33.7 万所下降至 2014 年的 12.9 万所，年均减少 10.08%，全国每天平均有近 57 所农村小学停办或被撤销；农村普通初中学校数量由 2004 年的 38095 所减少到 2014 年的 17707 所，年均减少 2038 所；农村普通高中学校数量由 2004 年的 2454 所减少到 2014 年的 667 所，年均减少 13.91%。与此同时，农村中小学在校学生人数也呈显著下降趋势，农村普通小学和初中的在校学生人数分别由 2004 年的 7379 万人和 3168 万人下降至 2014 年的 3050 万人和 749 万人，年均分别减少 9.24% 和 15.51%。大量农村适龄儿童选择到城市上学，且他们中的大多数在学成后都选择留在城市，不愿意再回到农

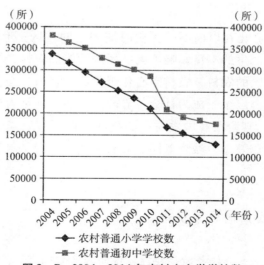

图 3 - 7　2004 ~ 2014 年农村中小学学校数

资料来源：《中国统计年鉴》（2005 ~ 2015）。

村生活，然而这些孩子是农村传统文化的继承者，他们的流失使农村的文化传承面临困境。

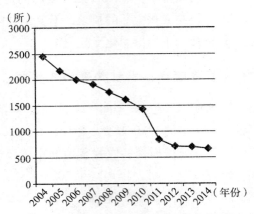

图 3 - 8　2004 ~ 2014 年农村普通高中学校数

资料来源：《中国统计年鉴》（2005 ~ 2015）。

第二节　我国农村空心化问题的影响

我国农村空心化在以前不同历史时期和不同地区都有不同程度表现，但影响面不广、产生的不良影响不大。而现阶段的农村，尤其在欠发达地区和部分发达地区的农村，农村空心化现象比较普遍，而且对经济社会发展产生不良影响，以至于成为社会各界广泛关注，并努力研究解决的"农村空心化问题"。现阶段我国农村空心化问题的不利影响主要表现在农产品供给、土地利用效率、城乡差距、农村文化、农村基层管理等经济社会多个方面。

一、影响农产品有效供给

现代农业最基本的任务就是要保障优质农产品的有效供给，其中，最为重要的保障国家粮食安全。然而，随着城镇化进程的加速推进，农村大量青壮年劳动力涌入城镇，"空心化"的农村使优质农产品的供给得不到有效保障。这里以保障国家粮食安全为例，说明农村空心化对国家粮食安全的危害。首先，由于务农的收入与外出打工收入之间的差距越拉越大，农村青壮年纷纷转移进入城市和非农行业，"386199部队"成为农村主要的留守人口，而60岁以上的老龄人群成为从事农业的主力，造成农业经营主体弱化以及农村劳动力短缺。若干年之后，一旦这些老人无力承担农作重任，谁来种田将成为一个问题。其次，由于种粮收益不及其他经济作物的收益，且现代农业生产资料价格上涨的幅度大于粮食价格，导致许多农户放弃种粮而转种其他经济作物，多数农户种粮已不再追求经济利益，仅为满足自家的粮食需求，从而导致"双改单"的隐形抛荒现象大量出现，即农户抛弃传统的双季稻种植，而改为单季稻种植，造成粮食大量减产。最后，土地播种面积是影响粮食产量的众多关键因素之一，大量的农地抛荒减少了农业播种面积，从而造成粮食生产和储备的隐患，再加上青壮年外流使农业生产必要劳动力缺乏，新型农机农技推广困难，农业生产进一步提高受阻。

二、土地利用效率低下

从土地资源利用的角度看，农村劳动力的大量外流导致耕地抛荒、弃耕普遍，土地资源浪费严重，农村传统土地制度面临挑战。农村青壮年劳动力的大量外流虽然使农村的常住人口大量减少，但由于宅基地退出机制等相应制度的缺失，使人均住宅面积非但没有相应减少，反而造成村落无序扩张导致大量宅基地闲置，再加上农村的村庄规划和管理体制落后，导致农村建设用地"外扩内空"普遍，改变了整个农村住宅的空间布局，乡村居住环境遭受破坏，农村空心村整体面貌难以逆转。伴随快速城镇化战略的推进，数量众多的农村人口转移到城市后但仍占有其农村宅基地，农村住房建设用地面积有增无减，而新增的建设用地多为耕作条件较好的耕地，房屋建设用地的扩张必将威胁耕地红线，农村耕地面积的减少与宅基地大量空置的现象并存。随着农村劳动力大量流入城市，农民虽仍拥有土地承包权，但长期从事非农行业已使农民逐渐脱离农业生产，农村闲置土地撂荒、粗放式耕作普遍，使有限的土地资源浪费严重，耕地面积进一步下降。由于农村开发利用的集聚程度不高，导致土地资源利用效率低下。

三、城乡差距不断扩大

首先，从人力资本理论层面看，城乡差距本质上是人才积累与人才效用发挥的差距，即人力资本积累和智力资源利用的脱节。当前农村外流劳动力主要以青壮年和具有较高文化水平、技术水平的高素质劳动力为主，妇女、儿童和老人留守较多，务农劳动力整体素质较低，农业劳动生产率和土地利用效率均较低，而农业是农村最重要的产业，农业收入下降势必会对农村经济的发展造成影响。其次，由于农产品收入需求弹性较小，注定了经济发展到一定阶段，农业的发展速度必然要慢于第二、第三产业，虽然农村已经开始注重工业和服务业的发展且已经取得了一定成就，但由于农村青壮年人才的流失，乡镇企业人力资本匮乏，普遍缺乏竞争力，近年来发展逐步萎缩，与城市的差距越来越大。最后，人口空心化使新农村建设主体缺乏，造成农村基础设施建设速度放缓，城乡基础设施状况差距加大，城乡之间物质基础的差距，进一步推动城乡差距拉大。

四、社会问题更加突出

随着农村青壮年劳动力的大量外流，在农村剩下的是以老人、妇女和儿童为主的"386199部队"，留守人口的结构表现出极度的不均衡、不合理。不合理的人口结构使农村家庭承载的养老育幼功能逐渐弱化，新型农民工及其子女教育问题、留守儿童成长与空巢老人照顾等社会问题更加突出。目前，农村留守人员主要存在以下问题：幼儿园入学率低，部分老人每天无力接送幼儿致使适龄儿童无法正常入学；农村义务教育学校数量锐减，义务教育教师数量少，学历层次相对较低，适龄留守儿童很难就近获得良好的教育；父母常年外出打工，留守儿童缺乏与亲人的交流，性格内向孤僻，出现了不同程度的心理问题。留守妇女面临家庭负担较重、长期分居致使夫妻感情缺失、家庭矛盾多发等诸多问题。空巢老人们生活难、办事难、看病难、情感慰藉难，小病拖、大病熬的现象十分普遍，生活孤独寂寞，空巢又空心。可见"三留人员"的在情感、教育与养老等方面面临诸多困境。一部分留守农村从事农业生产活动的农民，相较于外出务工农民的经济收入较低，加上农村相互攀比之风盛行，村民内部差距扩大，邻里感情缺乏交流，影响村民组织的团结和稳定。

五、基层组织管理弱化

农村基层组织是村民民主自治载体，广大村民通过基层组织参与农村公共管理，其重要性不言而喻。但伴随农村空心化的逐渐蔓延，农村基层组织的建设、监督和管理面临挑战。具体来说，首先，农村新生青壮年劳动力逐步流失，村民自治缺乏人才基础，基层组织失去新兴载体和发展活力，逐渐"老龄化"。其次，农村人口的流动性和短视性致使基层自治缺乏有效监督，村务公开有名无实，基层组织内部行政会、派系化严重。此外，农村外出务工人口的不确定性流动不利于基层管理的稳定，农田水利、乡村道路等公共基础设施建设既缺乏劳力又缺乏建设积极性，农机农技推广也受阻。现阶段，农村空心化使得整个农村管理松散，欠发达地区表现尤为明显。农村人口的流动不仅冲击着原有乡村秩序和制度，短期内也给城市有效管理带来不便，这不仅不利于解决"三农"问题，而且威胁到村级党组织建设。

六、农村文化逐渐衰落

村庄内部文化建设主要依赖于外部供给，但空心化问题致使农村文化服务中心等组织建设落后，外部供给乏力，内部监管缺失，内外交困。此外，年轻人口的流失导致农村文化传承断层，基层文化建设所必需的群众基础不足。高素质的乡村文化精英的出走更使民俗民风等乡村特色文化传承失去支柱，再加上一些村镇基层管理组织乡村文化保护意识不强，也缺乏相应的规划和措施，农村传统文化传承缺少引导力量和发展方向，乡土文化和特色民俗文化的影响力逐渐减弱。同时，伴随交通网络、信息网络等基础设施的完善，乡村人流、信息流交换更加频繁，外界文化对农村传统文化影响、渗透不断加强，区域特有乡村文化面临同化、边缘化威胁，家庭意识、乡土情结不断淡化，延续几千年的乡土文化有逐渐消失的危险。伴随乡土文化和农村特色民俗文化的逐渐消失，空心村中出现了精神文化空虚化的现象。由于农村文化生活的单调和空虚，精神文明的急剧滑坡，导致农村文化宗教化问题的出现。调查发现，许多农村留守农民信教数量不断增长和信仰程度日益加深，致使社会主义新农村文化建设受阻，宗教影响力的扩大趋势对整个农村的文化整体架构产生冲击，主要表现为：宗教信仰组织的扩大挤压新农村政治文化建设的空间；功利化的信仰色彩冲击新农村建设的文化导向；封建迷信影响新农村道德建设的文化氛围。

第三节　本 章 小 结

我国农村空心化主要表现在农村人口空心化、村庄空心化、产业空心化、文化空心化和基层管理空心化等主要方面。调查发现，虽然不同地区、不同阶段农村空心化的表现和形式有所不同，但农村空心化普遍存在，并且越发严重，对农村经济社会发展产生不利影响，农村空心化问题便随之而产生。农村空心化问题影响主要有影响优质农产品有效供给、农村土地利用效率低、城乡差距进一步扩大、农村基层管理弱化和农村文化逐渐衰落等。

第四章

我国农村空心化形成的过程和机制

第一节　我国农村空心化的演化过程

伴随改革开放的深入推进，社会主义市场经济逐步完善，城镇化和工业化也步入快速发展的轨道，对我国农村经济社会发展产生了深刻影响。一方面，农村人口开始非农化转移，尤其是青壮年劳动力不断流向城市（镇），农村人口大量外流和迁移的现象，致使农村常住人口逐渐减少以及人口结构的变化；另一方面，随着农村从业人口的转移，农民平均收入水平逐步提高，农村住房需求不断增长，农村住宅的面积不断扩大。总之，在市场经济、工业化和城镇化等多重因素驱动下，大量农民外流，由农村人口空心化引发了一系列连锁反应，致使整个农村的人口规模与结构、经济产业格局、社会文化结构、村庄布局和发展等方面严重失衡，由此产生人口、产业、村庄文化、管理空洞等现象，形成了农村的空心化局面，农村经济、社会、政治、文化、生态事业发展出现停滞，甚至倒退。农村空心化问题是我国城镇化进程中的伴生现象，是我国现代化进程中农村衰落和凋敝的总体态势和真实写照。其根本原因是城乡之间在收入、就业、社会保障、教育、土地利用等方面的二元体制导致的，是城市占有的绝对独特优势产生的对农村劳动力过度的虹吸效应；反过来，农村空心化问题又进一步固化了城乡二元经济、社会、文化发展的格局，成为我国"三农"问题中顽疾之一。

新中国成立至改革开放之前，我国实行的是计划经济体制，城乡二元分割的户口管理制度使人口的迁移流动受到很大限制。在此大环境下，我国的人口流动主要是在政府有计划的管理和调节下进行的迁移流动，大量农村劳动力被束缚在土地上，农村人口日出而作、日落而息，是一幅经典的乡村画面。随着1978年改革开放和1992年社会主义市场经济的建立，以及21世纪我国工业化、城镇化的快速推进，我国农村空心化问题逐渐显现并加深，农村人口流动呈现明显的阶段性，农村空心化也表现为一定的阶段性。根据中外关于我国农村空心化问题的相关研究，结合实地调研数据，遵循城镇化一般规律，科学研判我国农村空心化发展历程和未来发展趋势，将我国农村空心化的演化历程分为6个阶段：1978～1991年的出现阶段、1992～1999年的发展阶段、2000～2015加剧阶段、2016～2020年改善阶段、2021～2030年遏制阶段和2031年以后的消失阶段（如图4-1所示）。本章重点分析前3个已经完成的阶段，对后3个阶段仅做简要分析预判。

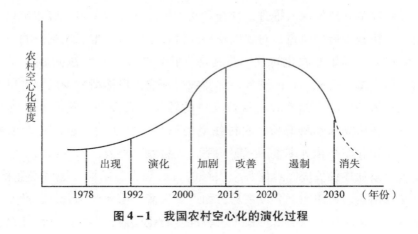

图4-1 我国农村空心化的演化过程

一、出现阶段：1978～1991 年

从20世纪70年代末开始，我国农村土地制度的改革开启了现代化发展大门，农村空心化问题也是在这一时期开始出现。1978年，安徽省凤阳县小岗村率先实行包产到户，实行农业生产责任制，揭开了我国改革开放的序

幕。随后，家庭联产承包责任制和统分结合的双层经营体制最终以法律形式确立下来，成为我国的一项基本经济制度，这极大地调动起农民的生产积极性，创造了巨大的农业生产力。部分先富起来的农民拥有更新住宅的意愿和能力，而旧住宅固有缺陷促使农户向村外投资建房，村庄出现无序外扩现象[①]。同时，农村潜存的大量剩余劳动力无处就业，迫切需要从土地当中解放出来，与之相应的人口流动管理政策却不允许农村人口在城乡之间自由流动。为适应社会发展和人口流动需求，我国《关于1984年农村工作的通知》中，明确要求"允许务工、经商、办理服务业的农民自理口粮到集镇落户"，表明了近30年来的就业和户籍管理制度开始松动，我国在农村劳动力流动政策方面的变化，使城乡人口流动制度性障碍取得破解。随之而来的是农村富余劳动力开始进城打工，人口空心化也逐渐显现；1988年发布的《关于加强贫困地区劳动力资源开发工作的通知》，突出了劳动力的跨区域流动的重要性，强调应按照"东西联合、城乡结合、定点挂钩、长期协作"的原则，重点组织贫困地区劳动力资源的开发，有计划地将贫困地区的劳动力输送到大中城市和沿海发达地区，极大地推动了农村劳动力的异地化转移，且转移规模巨大。

同时，这一时期正是我国支持和鼓励乡镇企业发展的特殊时期，基层乡镇企业迅速发展，乡镇企业数量和规模都增速明显。一些乡镇企业发达的省（市），如上海、江苏、浙江等地农村劳动力的非农就业模式，最显著的特征就是"离土不离乡、进厂不进城"的就地转移。与乡镇企业发展缓慢的地区相比，农村空心化表现出一定的独特性，农村人口还附着在农村，但农村产业，主要是现代农业无人问津。1988年，全国乡办乡镇企业42.4万个，总产值2438.5亿元，村办乡镇企业116.7万个，总产值1924.2亿元；1989年乡办和村办乡镇企业的总产值分别上升为2672.9亿元和2182.7亿元。1989年我国有乡村劳动力40938.8万人，其中非农劳动力为8498.3万人，非农转移占农村劳动力数量的比例约为20.76%，占比相对较小，而在当时的生产技术条件下农业所需的劳动力数量在13834万人左右[②]，因此农

---

① 可以这么说，村庄空心化是农村空心化的外在表现，但引发农村空心化问题的是严重的农村人口空心化。

② 农业所需劳动力数量 = 第一产业总产值 ÷ 社会总产值 × 社会从业人员。

村中仍存在富余劳动力没有转移出去。

二、演化阶段：1992～1999 年

20 世纪 90 年代初，经济市场化改革加速推进，中共十四大确立了建立社会主义市场经济体制的改革目标，经济社会发展进入新的历史时期，社会人力资源流动速度不断加快，城乡户籍制度和社会调控"单位体制"出现松动，人们按照市场经济要素配给规律谋求生存和致富，一部分农民可以依靠体力或者一技之长走入城市，催生了我国特殊的"亦工亦农"农民工群体。在大规模推进工业化、城镇化的背景下，市场机制的作用越来越大，户籍制度有了比较大的松动，农村劳动力对自身认知有所提高，为农村人口向城市转移提供了有利条件，农村劳动力开始进入全方位大规模转移阶段。1993 年中共中央颁发的《关于建立社会主义市场经济体制若干问题的决定》中提出，应"鼓励和引导农村剩余劳动力逐步向非农产业转移和在地区间的有序流动"，同年 12 月颁布的《关于建立社会主义市场经济体制时期劳动体制改革总体设想》中明确提出，要打破传统的包分配就业政策，实行自主择业、自主流动、自主用人，要打破劳动者在不同所有制之间流动的身份界限，放开城乡界限，实行公平竞争。我国对人口管理政策的一系列松动信号，刺激了农村人口更大规模的非农就业。据不完全统计，在 20 世纪 80 年代初，我国农业转移人口仅为 200 万人左右，且以就地转移为主；而到了 90 年代初，我国农民工群体就已经达到 6000 多万人，绝对数量是 80 年代初的近 30 倍。随着农村外出劳动力数量的激增，农村人口空心化开始凸显。

与此同时，新中国成立后的前两次生育高峰（1949～1957 年、1962～1970 年）农村人口已经成家立户，"四世同堂"主干家庭型结构逐步瓦解，并向多核心家庭转变，大量分家新户只有在村庄外围修建新房，村庄空间规模不断扩展，在农村建设规划和土地管理缺位的情况下，旧村宅基地废弃，新房空置率明显上升，逐渐形成了新房建设对外扩张、村内旧房闲置的"空心村"问题。至此，以农村人口转移为诱因，演化出现了农村空心化其他形式，如农村产业、文化教育和社会管理等，我国农村空心化问题开始大

范围蔓延。

三、加剧阶段：2000~2015 年

进入 21 世纪，随着我国工业化、城镇化的加快推进，经济发展进入了史上高位运行的繁荣时期，市场需求旺盛，产品生产和商贸服务对劳动力的需求持续增长。2000 年《关于进一步开展农村劳动力开发就业试点工作的通知》指出，要"改革城乡分割体制，取消对农民进城就业的不合理限制"。2001 年《中华人民共和国国民经济和社会发展第十个五年计划纲要》进一步提出，"逐步建立市场经济体制下的新型城乡关系，改革城镇户籍制度，形成城乡人口有序流动的机制"，"推动城乡劳动力市场逐步一体化"。2003 年国务院发布的《关于做好农民进城务工就业管理和服务工作的通知》，要求取消对农民进城就业的不合理限制，切实解决拖欠和克扣工资问题，在改善生活条件、加强培训和子女就学等方面积极创造有利条件，为进城农民提供便利。2009 年发布的《关于进一步规范农村劳动者转移就业技能培训工作的通知》中规定，"各地要重点面向未能继续升学的农村应届初高中毕业生、进城求职农村劳动者、企业在岗农民工、返乡农民工等人员开展职业技能培训"。2010 年《中华人民共和国就业促进法》提出完善和落实进城农民工在户籍、住房、教育和社会保障方面政策措施，消解农村劳动者进城就业障碍，建立覆盖城乡的促进就业体系，促进劳动者的平等就业。国家出台的这一系列政策，促进了以短期流动方式为主的农村劳动力非农化转移速度加快、规模扩大。统计数据显示，2014 年出现了 2010 年以来农民工总量增速连续 4 年回落[①]，但农民工总量仍在不断增加。2014 年全国农民工总量为 2.7 亿多人，比 2013 年增加 501 万人，增长近 2%。其中，外出农民工 1.6 亿多人，比上年增加 211 万人，增长 1.3%；本地农民工 1 亿多人，增加 290 万人，增长 2.8%。与此相对应，2014 年底，我国农村劳动力共有4 亿多人，减去外出就业人数和从事非农产业的农村劳动力数（近 2.3 亿

---

① 2011 年、2012 年、2013 年和 2014 年，农民工总量增速分别比上年回落 1.0、0.5、1.5 和 0.5 个百分点。

人），农业劳动力供给不到 1.8 亿人，仅占全国劳动力的 5.3%。这种大规模"候鸟式"的人口迁徙导致农村宅基地"季节性闲置"，且现行土地制度阻碍了农村房屋进行自由交易，农村劳动力的非农化转移，并没有带来农村居住用地的流转置换，导致农村流出人员的宅基地及房屋的长期闲置，村庄形态呈现出明显的新旧农宅"异构"特征，以房屋闲置废弃为主要形态的村庄空心化最为显著，农村空心化问题影响更加深化。

近年来，我国城镇化速度不断加快，全国城镇化率已由改革开放初期的 17.92%，上升到 2015 年的 53.73%，全国超过一半的人口都集中在城市（镇），传统的城乡二元人口格局已经发生根本改变。但是，城乡经济发展差距却呈现扩大趋势，城乡收入差距也随之不断扩大。监测显示，城乡收入差距自 1996 年以来上升速度较快，2015 年，全国城镇和农村居民人均收入分别为 31195 元和 11422 元，收入差距倍差比上年缩小 0.02，但仍达到 2.73。此外，城市在基础设施、劳动就业、社会保障、公共服务等方面优势明显，农村发展逐渐脱节。城市的收入水平、就业机会和居住、医疗、教育条件等对农村人口具有极大的吸引力，促使他们背井离乡到城市（镇）寻找就业机会，农村人口的大量外流，直接导致了农村人口的空心化。

四、改善阶段：2016 ~ 2020 年

随着以"城乡统筹、城乡一体、产城互动、节约集约、生态宜居、和谐发展"为原则的新型城镇化的科学推进，尤其中央着力实施供给侧和农村土地制度等系列改革，允许农村宅基地、建房用于房产抵押申请公积金贷款，积极消化城市住房库存，努力解决好近 3 亿农村转移人口的市民化问题，必将打破城乡二元体制，形成优势互补、利益共赢、良性互动的局面。此外，农村土地制度不断创新，新农村建设持续合力推进，科学有效的空间规划得以贯彻实施，农村基础设施不断完善，农村居住环境大大改善，农村向心力不断增强，农村人口开始出现回流，农村住宅利用率提高，空废村庄得到合理整治，农村产业、文化教育和基层管理得到恢复和加强，农村空心化问题开始初现缓解。但由于农村空心化问题较为严重，治理难度大，新型城镇化初始阶段只能解决好农村转移人口的"进城入市"问题，农村产业

发展、空废村庄整治等尚需一定时日。

五、遏制阶段：2021～2030 年

全面小康社会实现以后，城乡经济发展水平达到一定高度，居民财富积累初步完成，生活水平进一步提高。城乡差距进一步缩小，以工补农、以城带乡和城乡协调的良性互动局面基本形成，农村产业、文化教育和社会管理得到有力提升，农村空心化问题的不利影响将得到有效遏制。

六、消失阶段：2031 年以后

2031 年以后，我国常住人口城镇化率将达到近 70%、户籍人口城镇化率接近 50%，属于城镇化基本实现阶段，城乡一体化也基本形成，城乡差距基本消除，农村空心化问题得到彻底有效化解。但考虑到我国地域辽阔，各地自然地理、经济发展、社会文化、历史人文、生态环境等差异巨大，农村空心化问题的治理过程长短不一，治理效果也参差不齐，解除农村空心化问题影响时序也不同。总的来看，在全国范围内全面解决农村空心化问题的时间可能比理论构想的时间推迟 5～10 年。即使到 2050 年，我国"两个 100 年"奋斗目标实现以后，也不能完全排除其他类型的空心化出现。日本、韩国和美国等发达国家农村出现的"空洞化"现象，值得我国社会各界研究解决农村空心化问题时加以借鉴。

综上所述，我国农村空心化的演化过程体现的是快速现代化导致的整体农村社会结构变迁，不平衡的工业化发展扩大了区域经济发展差距，快速城镇化则加剧了社会流动，三股力量综合影响了我国农村空心化的演化发展过程，一定程度上导致整个城乡社会结构的改变。

第二节　我国农村空心化的形成机制分析

农村空心化问题是我国城乡经济社会发展转型过程中乡村人地关系地域

系统演化中出现的一种不良现象，是复杂的社会经济发展过程中在村庄物质形态中的表现。农村空心化对农业生产、公共服务、基层组织和乡村社会秩序等带来负面影响，农村社会出现整体性衰落与凋敝现象。由于我国农村的发展经历了长期的城乡分离阶段，农村空心化问题是城乡二元发展结构下来自农村发展内核系统和外援系统之间相互作用的结果，较其他国家空心化问题更为复杂、更为严重。近年来，农村空心化问题引发的矛盾激化，问题积淀较多，呈现出"范围扩大、问题增多、速度加快、程度加深"的多重趋势。农村空心化问题的长期存在不仅不利于农村地域自身的可持续发展，更不利于新型城镇化道路建设，更大范围内会对整个国民经济健康发展产生冲击。因此，基于问卷调查和实地访谈，在以推拉理论为分析构架的基础上，本书认为农村空心化是在城乡二元体系的催化作用下农村内部离心力和城市外部驱动力共同作用的不良演化结果，是自然、经济、社会、体制、管理、政策、文化、心理等多种矛盾对立深化的产物。

一、城乡二元结构是农村空心化问题的根本原因

城乡二元结构是从建国时期开始，存续至今还没有得到根本改变的综合矛盾，是我国经济社会发展中存在的一个严重障碍，主要表现为城乡两种政策、户口一分为二、生产要素流动阻滞、农民地位长期低下等的一种不平等现象，导致城乡分割、分治局面。1958 年颁布实施的《中华人民共和国户口登记条例》，标志着我国户口迁移制度的形成，严格限制了农村人口向城市的合理流动。通过户籍壁垒，在事实层面上将城乡居民分成两种社会身份，形成了城乡有别的治理体制、城乡分割的市场体系、城乡分离的工业化模式和城乡有别的基础设施、公共服务等投入机制。广大农民被束缚在土地上、禁锢在农村中，农村在收入、教育、社保、土地利用以及其他利益方面与城市之间的差距不断扩大，造成城乡社会的断裂，城乡二元结构的矛盾趋于激化，严重影响着城乡经济的协调可持续发展，城市自身的长期发展也失去强有力的支撑和依托。

城乡二元产业发展机制下，工农产品"价格剪刀差"长期存在，农产品价格平均水平较低，农产品市场囿于农村得不到拓展，农业经济效益低

下，农业生产持续增长受阻，以农业为主导的农民收入甚少且增长缓慢。2002 年至今，城乡居民收入比一直在 3∶1 左右，期间 2007 年达到改革开放以来的历史最高差距，即 3.33∶1，城乡收入绝对差距仍在上升，2015 年达到 19773 元，并且短时间内难以大幅度缩小。城乡居民收入差距致使农民外出务工意愿强烈，农村人口大量外流，常住人口减少，农村人口占总人口的比重从 1978 年的 82.08% 下降到 2013 年的 46.27%，即使部分外出务工农民仍保留农村户口，但大部分人除春节、农忙时节回农村外，其余时间均在城镇里打工、生活。《2015 年全国农民工监测调查报告》显示，2014 年全国农民工总量为 27395 万人，比上年增加 501 万人，增长 1.9%。其中，外出农民工 16821 万人，比上年增加 211 万人，增长 1.3%。农村人口数量急剧减少一方面使得农业从业人员的数量减少，农村生产缺乏主体，农村基础设施建设滞后，社会服务和社会保障供给不足；另一方面农业从业人员的大幅度减少致使农村土地大面积撂荒，农村房屋逐渐闲置、荒废。农村人口大量外流，导致农村产业发展不足，农业经营效益不断降低，形成农村产业空心化，反过来又会加剧农村人口空心化程度。同时，城乡二元产业发展机制形成了产业发展所必需的劳动力、资金、市场、技术、管理等流动壁垒，阻碍了城乡生产要素自由流动，不仅影响了农业产业化和现代化进程，而且导致乡镇企业的产业升级和资产重组困难，现代工业发展也面临制约。城乡二元产业发展制度下形成的人口、产业和村落空心化直接导致农村发展缺乏物质基础与智力支持，农村基础设施、医疗卫生、文化教育等多个方面社会服务逐渐弱化、虚化，也相继出现空心化。

　　城乡二元教育制度使得城乡教育在基础设施配置、师资水平等方面存在较大差距，导致农村教育资源稀缺，农村教育形势令人担忧。在实地调研的 9 个村中，有 7 个村的小学或中学被撤销，农村小学和中学数量不断减少，农村学校师资力量薄弱，教学基础设施严重缺乏。加上农村长期的封闭落后，农民形成了"一切以生存为中心"的价值观和思维方式，对教育投入的价值和意义缺乏清醒认识，教育价值观既现实又短视，导致农村人口文化知识水平普遍较低，进城务工时大多只能从事低技能、脏险累、低收入的工作，不仅遭受身份歧视，而且在工资决定上受到差别待遇，同工不同酬普遍存在。歧视和低收入导致大量进城农民工难以长期融入城市，形成了我国特有的"候鸟式"人口流动现象，在客观上造成了农民工对原有农村住宅和宅基地强依赖性，以求在最低层面上保证经济生存和社会保障。此外，农村中小学一直没能围绕农村经济发展需要办学，缺乏农村特色，在教学内容、教学方法等方面都严重脱离农村实际，导致职业农民的缺失，难以满足现代农业发展和建设社会主义新农村需要，为获取高质量教育条件，大批新一代青壮年农民外出谋求更好的发展机会与创业环境，尤其是那些拥有一定文化水平、劳动技能较突出、综合素质较高的农村精英不断流入城市，村庄逐渐沦为"老、弱、妇、幼、病、残"的"留守地"。教育的缺失同样导致农村基层管理人员在年龄结构、教育程度和管理能力等方面的不合理。以调研的9个村为例，农村两委会成员均没有大学及以上学历人员，受教育程度为初中及以下、高中和专科学历的人员占比分别为 44.44%、48.15% 和 7.41%，村委会等基层组织成员文化水平不高，整体素质结构不协调，对村级事务管理以及村庄经济发展产生不利影响，埋下社会不稳定因素，形成了农村基层管理的空心化。

由于城乡二元结构原因，城市社会保障在保障覆盖面、保障水平和保障能力等诸多方面具有明显优势。经过多年的发展，基本形成了以社会保障为核心，社会救助为基础的多元化、多层次的城镇社会保障制度。由于农村社会保障制度层面缺失，社保项目较单一，农民的社会保障水平较低。以养老保险为例，中国社会科学院发布的《社会蓝皮书》（2012 年）显示，我国城镇居民社会养老保险和新型农村社会养老保险的参保率、保险水平都呈上升趋势，其中，城镇职工人均年养老金水平已达到 2.09 万元，而新型农村社会养老保险水平仅为 859.2 元，二者相差达 24 倍之巨。2014 年 2 月 7 日，国务院常务会议决定合并新型农村社会养老保险和城镇居民社会养老保险，建立全国统一的城乡居民基本养老保险制度，但城乡居民养老保险水平仍有较大差距。不平衡社会保障制度使农村居民边缘化，难以与城市居民一样共享社会经济发展的成果，不利于社会和谐稳定。

现阶段，我国农村仍以"家庭保障"和"土地保障"相结合的个人保障为主，农民对土地的依赖实质上是为了获取基本生存的保障。即使在城镇有稳定居住地的农民，由于无法与城市居民享受同等的医疗、教育、社会保险等社会公共服务，也不愿意处置长期闲置的房屋宅基地和承包耕地。但由于缺乏人员耕种和管理，农村耕地的显性和隐性撂荒现象比较严重，导致有限的耕地面积进一步锐减，农产品产量下降。调查发现，有97.79%的外出务工农民会选择在春节等传统节日时回乡，大量农村宅基地出现季节性闲置，都造成了农村土地利用效率低下，土地资源浪费严重。目前，各种农产品生产补贴、农资农机补贴和其他保障制度日趋完善，保障水平逐步提高，农民享有越来越好的合作医疗、最低生活保障以及养老保险等社会保障，因此在很大程度不愿意转化农民身份、彻底告别农村，这也在一定程度上加剧了村庄空心化和产业空心化。

我国城乡土地管理制度也存在着典型的二元结构特征，土地产权、用途、市场、价格和规划等方面差异明显，相较于城市土地使用的规范和严格，农村现行土地制度的不完备、管理不严格，在一定程度上助长了农村村庄空心化。主要表现在以下三个方面：（1）农村土地所有权主体模糊。我国土地实行公有制，有"城市土地国家所有"和"农村土地集体所有"两种形式。土地所有人在法律规定的范围内占有、使用和处分土地，并拥有从土地上获得利益的权利。农村土地分为耕地（林地）和宅基地等，耕地作为农民的承包地，使用、经营权和收益权归承包农民所有，宅基地属于农村集体组织所有，户主只拥有宅基地的使用权。实际上，农民承担着土地管理的权利，农村土地存在所有权模糊的问题。（2）农村土地管理不到位。宅基地的使用权与建房目的相脱钩，宅基地无偿无限期使用，房屋被继承后，地随房走，原有"一户一宅"的管理政策约束效果不明显，"一户多宅"现象更加普遍。（3）土地整治不力。目前对闲置、废弃宅基地如何处置，包括复垦、还林和合理退出后的利益补偿，我国仍没有统一的制度规定。宅基地整理无人管、没钱管，农村宅基地流转市场难以形成，客观上为农民旧宅占而不用提供了借口，加之几千年封建思维与传统习俗的影响，多数农民认为宅基地的使用权是私有的，农民在宅基地使用上只占不退、有权无责。一直以来，农民新建住房的热情有增无减，村庄无序扩张，村庄内部出现大量房屋空废、空弃现象，村庄宅基地空心化率不断上升。根据宋伟等人调研显示，我国村庄宅基地的空心化率平均在10.15%左右，其中东、中、西部区域村庄宅基地的空心化率分别为14.82%、9.11%和7.15%，呈现出由东向西依次递减的格局。除了宅基地产权制度的不明晰外，对于耕地等其他农地，除国家征用土地外，集体土地原则上是不能流动的，农用土地的规模化经营只能依靠转包和流转来实现，土地的商品属性逐渐弱化，进入市场公平交易更不可能。另外，家庭承包责任制使得农地零碎化的状况较多，大块连片的土地很少，流转和平整的成本很高，很难适应农业现代化的要求，不利于农业产业化的发展，加剧了农村产业的空心化。

在城乡二元的规划体系下，"重城市，轻农村"的思想根深蒂固，社会普遍认为在拉动经济增长上城市建设发挥的作用更大，城市土地紧张同时又是人员、产业集聚地，需要进行科学规划和严格管理。相比而言，对农村整体规划重视程度不够，导致村庄规划缺位，村庄规划建设任务变成"市里不愿管，镇里无力管，村里无人管"，农村房屋建设随意性较大。加之农民传统的宅基地私有观念和土地法制意识的缺乏，以及缺乏全局性长远考虑等原因，造成村庄建设无序粗放，不仅造成了土地资源的极大浪费，而且严重阻碍了农村经济、社会、环境的发展。另外，城乡建设投资以城市为绝对主导，农村建设投资严重不足。2014年，全社会固定资产投资512761亿元，同比增长15.3%，其中城镇固定资产投资为502005亿元，增长15.7%，农户投资10756亿元，增长2.0%；农业投资为14697亿元，在三次产业中占比不到3%。我国城乡建设投资和产业投入的二元结构必然导致农村在居民收入、消费水平、基础设施水平、产业发展和公共服务水平等方面，与城市差距越来越大，成为农村空心化的重要影响因素。因此，破解城乡二元结构难题是我国治理农村空心化问题、实现城乡统筹发展的前提。

二、农村离心力是农村空心化问题的推力

由于农村所处的地理位置和自然条件等自然因素，农村产业发展状况不好，产业的经济效益低等经济因素，以及农村就业机会不多、收入水平不高、教育质量较低和农民职业社会认可度不高等社会因素，农民自发产生一种脱离农村、融入城镇和非农产业的心理需求，即农村内部离心力，共同促成了农村空心化的形成和演化。

（一）自然因素影响

我国农村村庄一般建立在远离中心城市和城镇中心相对偏远的位置，即便是郊区农村社区，与城市中心总有一段间隔。农村基础设施条件较差，交通不便利，农民出行不方便，妨碍了农民生产经营活动。此外，农村自然环境较差，一些山区或圩区村庄还常遭受山体滑坡、泥石流和水患等自然灾害的侵蚀。以课题组实地调研的甘肃省平凉市华亭县策底村为例，策底村地处西部偏远落后地区，居住环境较差，农村内部生活拥挤，自然灾害频发，村民大多有搬离旧居建新房，甚至脱离农村的愿望。全村 102 名住户中，有52 名住户建新房的原因是由于原有住房陈旧，有 17 名住户是原有住房的环境太差。村庄周边的开阔空间和相对丰裕的土地资源成为农民新建房屋的理想之所，再加上规划约束力不强，农户建房的随意性更大，出现"外扩内空"的空心村是理所当然的事情。

农业发展在很大程度上要依赖自然环境与资源禀赋，然而随着生态环境逐渐恶化，农业"靠天收"的局面往往难以带来可观的农业收入，加上农村养殖业逐渐弱化、乡镇企业和农业公司数量极少、农村特色产业培育不足、农村创业艰难等因素的影响，导致农业产业发展滞后，产业空心化明显。从实地调研的策底村、南分路村、串坨子村和铜山村 4 个村庄来看，平均每个村只有 1.75 个工业企业，其中南分路村则没有工业企业，所有企业年产值均在 500 万元以下，工业企业数量少、规模小。此外，4 个村的企业基本上都是小型煤炭、铜矿开采企业，以出售煤炭和铜矿石等初级原料为主，附加值极低。餐饮住宿、旅游观光等生产生活服务业属于空白，也没有名特优产品或品牌商标，农村专业合作社形同虚设，没能为农民提供任何农业技术支持和指导。且多年来的煤炭和铜矿石开采导致矿产资源临近枯竭，生态环境也遭受巨大破坏。

（二）经济因素影响

我国的改革开放是从城市和工业开始的，相比较而言，城市和工业得到了优先发展，而农村产业严重不足。首先，是我国农村工业普遍发展不良。由于区位、资源和要素配置等原因，我国农村工业存在投入不足、产业层次较低问题，附加值不高，经济效益差。其次，农业本身的经济效益较低。由于农业本身具有弱质性，再加上没有大力推进农业和第二产、第三产的融合，很多农村种植的是普通原粮，缺少经济效益高的专用品牌粮食的生产和加工，高附加值经济作物种植、生态养殖、新型农业产业和现代农业新业态较少，导致单纯从事农业的人员收入水平大大降低，离开农村也是迫不得已的选择。从安徽省现代农业的实地调研来看，2015 年底，安徽省现有粮油类国家级农业产业化龙头企业 22 家，省级粮油类农业产业化龙头企业 319 家，省级粮食产业化龙头企业 344 家。其中：年产值 5 亿元以上的企业 57 家，占单纯粮食加工业总数比例不到 20%，年产值超 10 亿元的企业 22 家，年产值超 20 亿元的企业 7 家，全省最大的粮油类龙头企业双福集团年产值仅 34 亿元。此外，龙头企业生产经营以粮食初级加工和销售为主，精深加工少，从事高端食品研发生产的更少，价值链、产业链条短，加工转化和增值率均较低。调研数据显示，目前安徽全省粮食加工企业优质大米产量只占大米总产量的 55%，而专用粉、特一粉、营养强化粉产量占面粉总产量的 47%，不到一半，产业链延伸产业更少，粮食精加工有待进一步加强。就单纯种植业来说，自然条件最好的皖南地区是一年二季种植，即一稻一麦，每亩的平均收入不到 6000 元，除去农资、农机成本和劳力外，所剩无几。

（三）社会因素影响

首先，收入水平低是农民脱离农村和农业的关键因素。对于耕种自己承包地的农民来说，农业本身的经济效益低，导致从事农业的农民收入水平也低。那些租种别人承包地的农民，因为还需要交纳租金，比前者获得的收入更低。只提供农业生产劳务的农民，由于机会少且不稳定，其收入水平可能更低。从实地调研的安徽省几个村庄来看，从事农业生产的直接收入每亩不超过 1000 元（没有计算农民本身劳务成本），政府各种补贴收入 200 元/亩左右；租种别人土地的农民额外支付租金 500 元/亩左右，且不能获得政府补贴收入；单纯提供农业生产劳务的农民，每天收入 100 元以下，一年不连续工作天数在 4 个月左右。上述农民如果没有外出务工收入，其年可支配收入一般都低于当年农民平均可支配收入。其次，农村的就业机会少。由于农村可用耕地面积不断减少，且农村工业服务业发展情况不好，就业岗位少且工资水平也不高，农村的整体就业机会较少。第二次全国土地调查资料显示，截至 2013 年底，全国耕地面积下降到 15316.34 万公顷（20.27 亿亩），人均耕地面积下降到 1.52 亩，不到世界人均耕地 3.38 亩一半的水平，且耕地平均质量总体偏低。再次，农村教育质量较低。我国传统文化中特别注重后代的教育，即使在农村，有这种思想观念的农民数量不仅不会由于较高的教育投入而有所降低，反而希望通过后代的教育获取改变家庭和人生的人越来越多，对教育质量的要求越来越高。就农村实际教育质量来说，相对较差的教育环境和较低的报酬待遇，以及发展期望较小的事业前景，优秀的教师则更多地表现出"望农却步"。据实地调研的几个村的小学和不完全中学的师资配置情况来看，农村教师的学历层次和专业素质相对城市而言普遍较低，达标比例不超过 30%①。此外，不断减少的生源也使学校的数量和提升学校办学条件的平均投入逐年减少。农村教育遭遇内外交困的不利局面。最后，社会保障不力也迫使农民离开农村。通过将实地调查的安徽省城镇居民医疗保险和新型农村合作医疗保险政策进行比较，直到 2015 年，安徽省城镇居民医疗保险和新型农村合作医疗保险的人均缴费标准达到 120 元左右，财政补助标准达到 380 元，实现以前从未有过的统一。但城镇居民基本医疗保险政策范围内住院费用支付比例达到 70% 以上，住院医疗费用实际报销（兜底报销）比例不低于 35%。相对应的农村居民则只能享受起付线以上部分费用不低于 60% 的补偿，两者之间有明显的差异，安徽省新型农村合作医疗保障水平也明显低于城镇居民医疗保障水平，农村因病致贫返贫现象仍旧存在。

（四） 其他因素的影响

首先是心理因素。目前，农民还是处于社会的最底层，被别人轻视。可以这么说，大多数农民奋斗目标是摆脱农民身份的束缚，过上体面的生活，比如城里人的生活就是比较理想的选择。这种观念在世世代代的农民中都存在，并且根深蒂固，尤其以农村新生代更为迫切。目前，农村新生代劳动力

---

① 就学历层次而言，安徽省规定中学教师的学历层次应该在专科以上。

对传统农业的依赖性较低，乡土意识不强，对"农民"身份抵触情绪非常强烈，更愿意追求健康、尊严、权利以及更高的精神生活水平，希望尽快融入城市。

其次是农村家庭的分化。以前，农村家庭的主要结构是以主干家庭为主，由祖父母或外祖父或外祖父母，父母及第三代组成，由父母与未婚子女两代人组成的核心家庭为重要补充。目前，农村主干家庭向核心家庭快速变迁，农村家庭更加小型化，加剧了分家分户，形成了一股建房高潮。从实地调研的安徽省黄山村来看，其村庄宅基地总面积由 1978 年的 29324.17 平方米扩大到 2014 年 87667.67 平方米，村庄空心化率由 1% 上升到 40.44%，家户由 1978 年的 200 多户增加到 2012 年底的 670 多户，并且多数住宅常年无人居住。

最后，土地管理制度不健全。一是相关法律规定不能得到严格执行。根据《土地管理法》的规定，农户新建宅基地必须由旧宅基地来置换，即拆旧换新和拆一补一。实际操作中，由于邻里关系、执法不力等因素干扰，大多数农民不管自己现在有多少套房子，或者已经在城里定居不住在农村，都不愿意放弃自己以前的旧宅，更不愿意把破烂不堪的旧房拆除并将宅基地归还集体，致使村庄内部出现大面积的边角地、空闲地、废弃坑塘、废弃厂房、征而未建等闲置建设用地，助长了农村空心化。二是农民对土地所有权认识不清。长期以来，农村的宅基地都是村集体划拨给农民（或农民自由选择）无偿使用的，造成村民对土地权利认识出现偏差，传统的"多一处宅基、多一份家业"的小农思想根深蒂固，多占土地和建房面积不断扩大。村民组也认为宅基地归农户私有，无权干涉也不便干涉农户建房，客观上加剧了农村宅基地废弃化。此外，农村盲目的攀比心理、特定的社会观念与文化习俗，认为房屋是祖业，可以作为财产世代相传，也阻碍农村宅基地综合开发利用。

三、城市吸引力是农村空心化问题的拉力

我国农村空心化的出现与工业化、城镇化等外部驱动力密切相关。改革开放三十多年来，我国快速的工业化推动了城镇化进程的不断加快。根据国

家统计局公布的数据，2011 年末全国（大陆）总人口为 13.5 亿人，城镇人口比重为 51.27%，城镇人口数量首次超过农村人口，2015 年末，城镇人口比重更是达到 56.1%，年均增长速度接近 1%。城镇化加速推进和城镇化率的大幅度提高，表明我国已经逐步告别了具有几千年农业文明历史的农业社会，进入了以城市社会为主的新的发展时期，生产方式、就业结构、人民生活方式和价值观念等都发生了极其深刻的变化。可以断言，继工业化之后，城镇化已经成为推动我国经济社会发展的新动力。以城镇为载体的工业和城镇化为农民提供了大量的就业和增加收入的机会，也满足了农民获取优质教育资源和提升自身生活水平，以及摆脱农民身份的机会，加速了农民向城镇和工业转移，加快农村空心化。

（一）城镇增加收入的机会具有巨大的吸引力

工业化和城镇化的快速推进为农民进城提供了较多就业和增加收入的机会，农村大量剩余劳动力特别是青壮年劳动力向城镇大量转移，人口结构呈现出"哑铃型"倾向[①]，由此形成了程度不一的农村人口空心化问题，并且伴随出现"三留"人员（指留守老人、留守妇女和留守儿童）等社会问题。在实地调查 1496 户村民中，留守人员以老人、妇女和儿童为主体，初步统计达到 85% 以上，留守人口中初中及以下学历的占比达到 73.71%，大量有知识、有文化的青壮年到城镇里谋生。青壮年劳动力的大量转移和流失会带来各方面的农村空心化。

1. 农村青壮年是城镇吸引的主体

青壮年劳动力代表的是新生代农民群体，他们在教育程度、技能水平、发展眼光等方面与传统的农民群体不一样，他们有依靠知识、战略、技术经营农业的能力和潜质。然而这些青壮年劳动力却不愿意再从事农业生产，对去城市务工以及发展的意愿强烈，这种高素质的劳动力流失导致农业发展缺乏建设主体，使得农业生产的机械化与集约化无法提升，导致大量土地被抛荒。此外，农村青壮年劳动力流失也会导致农村在教育、管理、技术等方面出现空心化，农村留守老人养老、医疗和社会保障问题日趋严重，留守儿

---

① 指农村青壮年大多外出务工，留守人口年龄分布在两端，分别是老年人和儿童。

童、留守妇女的心理、情感、教育及安全亟待加强。在村庄实地走访调研中发现，农村留守人员普遍对农村文化建设缺乏热情，对农村阅览室、农家书屋等文化建设不感兴趣，村里的阅览室无人光顾，基本形同虚设，调研数据显示有近九成的农民在农闲时是通过看电视和打牌消磨时间，只有少数农民选择看书和体育锻炼，这种空虚、单调的农村文化生活导致部分村庄封建腐朽思想残余死灰复燃，农村信教势头有所回升，农村精神文明建设亟待加强。现阶段，农村青壮年向工业和城镇转移是农村空心化的主要影响群体。

2. 城市膨胀与村庄空心化形成鲜明对比

现阶段，农村人口外出务工引起的"人走房空"由个别现象逐渐扩展为普遍现象，村庄闲置房屋增多，一些长时间无人看管的闲置房变为废弃房，同时很多农户在改善居住条件时建新不拆旧，一户多宅，造成村庄布局混乱，村庄建设用地规模继续扩大，耕地资源减少和房屋闲置增多并存，加剧了村庄、宅基地和产业的空心化。相对于农村的凋敝来说，我国城镇，尤其是大中城市则出现了人满为患的现象，城市政府不得不在持续加大城市的基础设施投入的同时，不断抬高城市门槛，致使很多入城务工人员难以成为市民，继而引发许多城市化问题。

（二）城市福利是农民入城的不竭动力

在城乡二元体制下，我国的公共服务是与户籍挂钩的，城乡居民所能享受的福利差异较大，并且难以有效衔接，相对优厚的城市福利就成为进城务工农民追求的目标。自20世纪80年代以来，我国已开始户籍制度改革，但与户籍挂钩的权利和福利仍旧超过20多项，涉及社保、就业、教育、计生等多个方面，从而导致户籍改革进程缓慢，在促进农村剩余劳动力转移方面，并未收到预期效果。进城务工农民是城市建设的主力军，为我国城市化建设做出了重要贡献，但快速上涨的房价和教育支出远远超出了大多数务工人员的购买能力，那些所谓农村"能人"通过努力在城市安置下来，而大部分农民在城市定居太难，也就无法享受城市福利，成为城市"编外人员"。在实地走访调查中，许多进城务工人员感叹城市房价太高，根本买不起住房，他们在城市的居所主要以临时性租房和暂居所在单位宿舍为主，且租房多集中在城乡接合部和"城中村"等环境和区位条件较差地段，房屋陈旧简陋，火灾、治安频发，安全堪忧，居住条件亟待改善。此外，进城务工农民在子女教育、医疗与养老等社会保障等方面也不尽满意。由于受城乡分割的户籍制度的影响，现有的城市公共教育资源难以满足逐渐增长的农民工子女教育需求，农民工子女在流动的同时，教育资源并未随之流转，流入地的农民工子女难以享受流出地教育财政补贴，也没有享受流入地政府的教育优待权利，造成上百万农民工子女处于失学或半失学状态。虽然很多农民已经事实上脱离了土地，主要在城市务工，但他们仍然无法完全被城市所接受，所以还保留土地作为"生活保障的最后一道防线"。因此，农村流动劳动力兼业化明显，相当数量的农民利用农闲时间外出务工，呈现季节性的周期性"摆动式"流，造成宅基地的"季节性闲置"，形成中国特有的人口"候鸟式"迁徙。无论是已经在城市安家的进城务工人员，还是准备在城市安家或永远无法在城市安家的进城务工人员，城市福利成为他们脱离农村追求的目标，也是农村空心化形成的重要影响因素。

　　总之，在我国城乡二元体制下，农村的内部推力和城市的外部拉力共同导致了农村人口的大量外流，从而形成了农业生产、农村经济、社会管理、公共服务、基层民主、农村文化乃至社会心理等方面的迟滞、弱化与退化（如图 4 - 2 所示）。

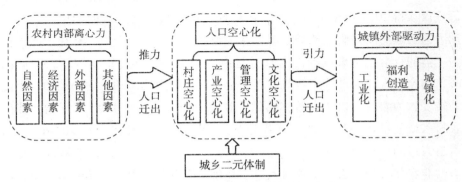

图 4 - 2　我国农村空心化形成机制的分析

第三节　我国农村空心化的传导机制分析

我国农村空心化主要表现为人口空心化、村庄空心化、产业空心化、文化空心化和管理空心化，都是内核系统和外核系统综合作用的产物。与此同时，五个不同维度的农村空心化之间交互作用显著，形成一个整体力量，加剧了农村空心化。其中，人口空心化是基础和根本诱因，村庄空心化是最显著表现，产业空心化是核心和加剧因素，文化空心化是农村空心化的新动向，管理空心化是农村空心化的延伸和固化因素。

一、人口空心化是基础和根本诱因

新中国成立至改革开放之前，我国实行的是计划经济体制，城乡二元分割的户口管理制度在很大程度上使人口的迁移流动受到限制，我国的人口流动规模较小，并且主要是在政府有计划的管理和调节下进行的迁移流动，大量农村劳动力被束缚在土地上。改革开放后，家庭联产承包责任制逐步试点并在全国范围内推广开来，一方面提高了农民的生产积极性，另一方面极大地提高了土地的产出率，提升了农业生产率。在实行家庭联产承包责任制后，农民的温饱问题基本得以解决，农民创造更多财富的欲望非常强烈，而每户仅获得 10 多亩承包地或几十亩林地无法承载农民致富的期望，农村劳动力迫切地想要挣脱土地的束缚，从土地当中解放出来。以工业化、城市化为主体的社会主义市场经济为农村富余劳动力的转移提供了载体，与此同时，国家在人口流动管理政策方面，也由最初的限制流动，向松动和自由流动转变，为农村人口非农转移提供了政策上的支持。自 1995 年开始，我国农村人口数量出现历史性的下降趋势，2015 年乡村常住人口 60346 万人，占总人口的比重不到 44%。如前文所述，大量农村人口，尤其是青壮年人口的非农化转移，造成了农村人口空心化。而以劳动力资源流失为主要特征的农村人口空心化，势必引起村庄人走屋空、季节性闲置，形成空心村，农业生产和农业企业经营也面临民工荒，基层组织出现人才资源的断层，农村传统文化失去继承、传播和发扬的载体，即所谓的农村村庄空心化、产业空心化、管理空心化和文化空心化。

二、村庄空心化是结果和最显著表现

农村空心化最显著的地理景观是村庄空心化或村庄颓废。相对于农村逐渐减少的人口而言，从总量上说，农村宅基地建设面积并没有随之减少。反之，农村宅基地普遍"建新不拆旧"，新建住宅逐渐向外围扩展，导致村庄用地规模扩大、闲置废弃，加剧了"外扩内空"的不良演化过程。从住房使用的结构和时间来说，大多数进城务工农民并不能或不愿意在务工城市落户，出现农忙和节日期间"候鸟式"迁移，也造成农村住房"季节性闲置"、"人走屋空"现象。此外，由于农村人口大量减少或季节性减少，政府只是重点关注农村集镇和中心村的环境整治，大多数已经实质性衰败的村庄和居民点，无人管理环境或关注较少，村庄不再有以前的热闹景象，村庄环境与城镇相比，整体较差，即形成城乡分割的"景观藩篱"，有人形象称之为"外面像个村，进村不是村，老屋没人住，荒地杂草生"，村庄空心化进一步加剧。

三、产业空心化是实质和加剧因素

分析农村人口大量转移，以至于形成人口空心化和村庄颓废的原因，不难发现农村产业出现了空洞化和矮化，农民无法获得更多的经济来源是核心因素，也就是说农村空心化的实质是农村产业空心化。由于传统种植业收入少，农民不愿种地；由于人才、资金和技术问题，农村养殖业逐渐弱化，其发展全靠极少数的专业养殖户支撑；快速上升的农业生产资料价格使农业经营成本不断提高，但农产品价格的上涨幅度不及农资价格上涨幅度，传统农业经营效益不断降低。农村乡镇企业数量和规模均较小，价格缺乏生命力和活力；农村特色产业培育不足，农业产业化、组织化程度低，专业合作社没有发挥农民致富的桥梁作用；农村创业环境不及城市，各项创业配套服务体制不完善，缺乏资金和项目支撑，多数农户反映在农村创业困难，农村第三产业长期处于空白期。产业发展作为新农村建设和乡村发展的核心环节，日趋衰退的农村经济形势造成的产业空心化更进一步降低了传统农业就业和本地非农就业的吸引力，农村富余劳动力要想非农就业只能外出，这对农村劳动力外出务工形成推力，同时快速发展的工业化、城镇化进程对农村富余劳动力形成巨大的拉力，促使农村青壮年劳动力大量地向城镇转移。此外，农民土地抛荒和林地粗放管理现象比较严重。实地走访的 1496 户村民中，30.15% 的家庭有因外出务工而闲置下来的土地，对于闲置下来的土地，有20.39% 的农户选择撂荒，土地撂荒家庭占家庭总数的 6.14%。在实地走访调研中了解到农民外出的主要原因无外乎两点，一是本地非农产业发展不足，二是外出务工收入比在家务农高。昔日"人丁兴旺"的乡村，如今剩下的多半是留守妇女、小孩和老人组成的空心羸弱的农村，人口空心化现象伴随出现，进而造成宅地、文化、教育、技术、管理和基建等一系列的空心化，最终导致农村地域经济社会功能的整体退化。

四、管理空心化是延伸和固化因素

我国农村集体土地管理制度存在产权不明确、主体虚位以及所有权和经营权长期分离等因素，导致新建房屋宅基地审批、闲置宅基地处置，以及村庄发展规划等不完善甚至滞后等问题，实际形成了土地管理上的死角，助长了私自交换耕地获得宅基地的现象以及新宅选址的自发性。同时，农业产业化程度不高，使得农业产出率较低，占用耕地建房的机会成本较低，宅基地基本上属于低成本获得甚至无偿使用，为超标占地、一户多宅和新旧住宅并存提供了可能。此外，农民的节约用地意识不强及法制观念淡薄，在宅基地最终所有权上存在认识误区，加上对旧宅的历史情感与怀旧情结及受风水、迷信、攀比等封建迷信的影响，加剧了空心化的规模和程度。

此外，随着农村劳动力的大量转移，特别是青壮年、有劳动技能的劳动力的大量外出，造成农村基层自治组织权利主体缺位。留守村民更愿意关注自身农业生产和改善生活，也由于自身文化素质低和获取信息不畅等因素，村民主动参与基层管理积极性不高，组织内部结构混乱、效率低下、不透明等因素更降低了农村基层管理的活力。农村管理的空心化更深层次地导致农村社会结构和其他领域的变化，加剧和固化了农村空心化的发展。

五、文化空心化是新动向和隐性因素

当前，随着大量农村人口进城务工，农村文化精英过度流失，造成农村文化主体的缺位。农村留守人员中以老人、妇女、儿童为主，这些留守老人、妇女的大部分文化素质低，文化消费品位也并不高，文化鉴赏能力有限，文化需求代际差异化明显，看电视和打牌成为当前农村主要的文化生活方式，有些地方出现了低俗文化表演。另外，政府在农村文化传播平台和文化资源建设方面投入不够，农村文化产业相对滞后，在农村居民的精神文化生活非常单调和空虚的情况下，往往会使低端的文艺产品率先流入农村，由此就造成了农村文化庸俗泛化和宗教化趋势。在实际调研的9个村当中，有5个村建有基督教堂，有一个村同时建有伊斯兰教清真寺和基督教堂，每到朝拜（或重大节事）之日，村民成群结队前往。在实地访谈中，很多村民其实对信仰宗教教义并不理解，主要是闲得无聊，借此机会找人聊天和获取存在感。当然，其中不乏抱有祈求致富和治病等虚无想法的村民。相比较而言，优秀的农村传统文化呈现断崖式加剧之势，社会主义正确价值观得不到大力弘扬，势必对农村乃至整个社会的进步产生深远的不利影响。农村文化空心化是农村空心化的新动向，其影响是深层次的，应引起社会各界普遍关注。

从以上分析可以看出，我国农村空心化所包含的人口、村庄、产业、管理和文化空心化是相互联系和相互影响的（如图4-3所示）。因此，在对农村空心化问题进行治理时，应采取全面系统的措施，加以统筹解决。

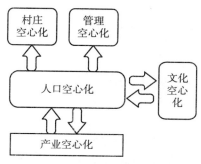

图4-3 我国农村空心化的传导机制

第四节　本章小结

本章分析指出我国农村空心化的演化过程经历了 6 个阶段，即 1978 ～ 1991 年的出现阶段、1992 ～ 1999 年的发展阶段、2000 ～ 2015 加剧阶段、2016 ～ 2020 年改善阶段、2021 ～ 2030 年遏制阶段和 2031 年以后的消失阶段，并重点分析前 3 个已经完成阶段农村空心化所表现的特征。

在问卷调查和实地访谈的基础上，以城镇化的推拉理论为基础，详细分析农村空心化的形成机制，认为农村空心化是城乡二元体制背景下农村内部离心力和城市外部驱动力共同作用的不良演化结果，是自然、经济、社会、管理、制度、政策、文化和心理等多种因素交互影响的产物。具体来说，城乡二元体制是农村空心化形成和加剧的根本原因，农村内部的离心化趋势是空心化形成和加剧的推力；工业化和城镇化的快速发展是农村空心化形成和加剧的拉力。就农村空心化的五个方面的相互作用而言，人口空心化是基础和根本诱因，村庄空心化是结果和最显著表现，产业空心化是实质和加剧因素，管理空心化是延伸和固化因素，文化空心化是新动向和隐性因素。

第五章

典型区域农村空心化比较研究

由于经济社会发展实际、地理区位和资源禀赋不同，导致不同地区的农村空心化程度存在较大差异。本章在实际调研的基础上，对江苏、安徽和甘肃的农村空心化现状进行分析，从县域视角和村域视角两个方面定量分析农村空心化程度，为我国农村空心化分析治理提供参考依据。

第一节　典型区域农村发展现状

安徽省地处长江、淮河中下游，长江三角洲腹地，居中靠东、沿江通海，东连江苏、浙江，西接湖北、河南，南邻江西，北靠山东，大致位于东经 114°54′~119°37′，北纬 29°41′~34°38′，现辖 16 个地级市、62 个县（市）、43 个县级区。江苏省位于我国大陆东部沿江苏海中心、长江下游，东濒黄海，东南与浙江和上海毗邻，西接安徽，北接山东，大致位于东经 116°18′~121°57′，北纬 30°45′~35°20′，现辖 1 个副省级城市，12 个地级市，45 个县（市）。甘肃省地控黄河上游，沟通黄土高原、青藏高原、内蒙古高原，东通陕西，南瞰巴蜀、青海，西达新疆，北扼内蒙古、宁夏，地处北纬 32°31′~42°57′，东经 92°13′~108°46′，现辖 12 个地级市、2 个自治州，62 个县（市），7 个自治县。本节主要针对安徽、江苏和甘肃三省的与农村空心化直接关联的农村经济、人口和土地三个方面进行概要分析。

一、农村经济状况

自改革开放以来，安徽省经济取得迅速发展。2014年，面对错综复杂的国内外形势，安徽省以提高经济发展质量和效益为中心，大力化解经济运行中的各种突出矛盾，经济保持持续稳定增长。全年地区生产总值达到20848.75亿元，比上年增长8.4%，经济进入新常态，由连续10年保持了两位数增长下降为一位数增长。第一、第二、第三次产业比重分别为11.5%、53.1%、35.4%，农业产业结构得到了进一步的优化。全年粮食产量3415.8万吨，比上年增加136.2万吨，增产4.2%，农业生产基本稳定。人均GDP高达34425元，低于全国平均水平。农村居民人均纯收入和城镇居民人均可支配收入分别为9916元、24839元，同比上年增长22.6%、7.5%。

近些年来，江苏省深入实施六大战略，全面推进八项工程，着力抓好十项举措，经济保持稳定增长。2014年，全年地区生产总值达到65088.32亿元，比上年增长8.2%。第一、第二、第三次产业比重分别为5.6%、47.4%、47.0%，产业结构不断优化，产业转型升级取得了新进展。全年粮食总产量3490.6万吨，比上年增产67.6万吨，增长2.0%，连续十年增产，农业生产形势较好。人均GDP为81874元，比上年增长8.7%。农村居民人均纯收入和城镇居民人均可支配收入分别为14958元、34346元，同比上年增长10.6%、8.7%，城乡居民收入实现了稳步增长。

面对严峻复杂的外部环境和持续加大的经济下行压力，甘肃省积极应对，全省经济继续保持平稳增长。2014年，全年实现生产总值6835.3亿元，比上年增长9.1%。第一、第二、第三次产业比重分别为13.2%、42.8%、44.0%，第一产业所占比重下降0.8个百分点，第二产业所占比重下降2.2个百分点，第三产业所占比重上升3个百分点，产业结构不断优化，产业层次大幅提升。全年粮食总产量1158.7万吨，比上年增产1.7%，农业生产形势较好。人均生产总值26427元，比上年增长8.8%。农村居民人均纯收入和城镇居民人均可支配收入分别为5736元、20804元，比上年增长12.3%、9.7%，城乡居民收入平稳增长。

二、农村人口流动

2014年，安徽省常住人口6083万人，比上年增加53万人，户籍人口6936万人，比上年增加7万人，农业户籍人口比重高达77.31%，65岁及以上人口650万人，占总人口的10.8%，农村地区人口老龄化形势十分严峻，标志着安徽省已经进入"老龄化社会"。全省从业人员4311万人，比上年增加35.1万人，其中，第一产业1415.3万人，减少54.4万人；第二产业1211.1万人，增加41.9万人；第三产业1684.6万人，增加47.6万人；城乡私营企业从业人员和个体劳动者816.4万人，增加111.3万人。全年城镇实名制新增就业67.1万人，下岗失业人员再就业25.6万人。年末城镇登记失业率3.2%，比上年下降0.2个百分点。全省农民工总量1850.2万人，其中外出农民工1320.3万人。大量的农村人口特别是青壮年、有知识有技能的人往城镇流动，造成了农村劳动力结构上的不合理，给社会带来的压力也越来越大。

同一时期，江苏省常住人口7960.06万人，增长0.26%，户籍人口7684.69，增长0.89%，65岁及以上人口为965.53万人，人口总量增长趋缓，人口老龄化形势十分严峻。全省从业人员4760.83万人，三次产业从业人员数分别为918.84万人、2047.16万人、1794.83万人，就业结构趋向稳定；城镇就业人口为3029.46万人，新增农村劳动力转移25.72万人，加快了产业结构转型升级，促进了农村现代化建设的进程，但在一定程度上加剧了农村空心化现象。

2014年，甘肃省常住人口为2590.78万人，比上年末增加8.6万人。其中，城镇人口和农村人口分别为1079.84万人和1510.94万人，占比为41.68%和58.32%，65周岁及以上人口221.51万人，占常住人口的8.55%，比重提高0.05个百分点。全省从业人员1519.86万人，比上年末增加14.89万人，其中，城镇和农村就业人员分别为539.07万人、980.79万人。大量农村劳动力转移，不仅形成农村人口的空心化，而且还给农村综合治理带来了严峻挑战。

三、农村土地结构

安徽省东西宽约450公里，南北长约570公里，土地总面积13.94万平方公里，占全国的 1.45%，居第 22 位。其中，山区 4.1 万平方公里、平原 3.5 万平方公里、丘陵 4 万平方公里、圩区 1.2 万平方公里、湖沼洼地 1.1 万平方公里，分别占总面积的 29.5%、24.8%、29%、8.7% 和 8%。常用耕地面积 4188.1 千公顷，其中水田 1923.16 千公顷，旱田 2294.94 千公顷；林业用地面积 4431.8 千公顷，其中造林面积 208.10 千公顷，果园面积 118.22 千公顷，茶园面积 155.32 千公顷。

江苏省际陆地边界线 3383 公里，国土面积 10.26 万平方公里，占全国总面积的 1.06%，其中，平原圩区面积 7.1 万平方公里，水面积 1.66 万平方公里，丘陵山区面积 1.5 万平方公里，分别占全省总面积的 69%、16% 和 15%。全省耕地面积 462.17 万公顷，基本农田 429.72 万公顷，园地 32.08 万公顷，林地 26.40 万公顷，草地 4.42 万公顷，城镇村及工矿用地 175.85 万公顷，交通运输用地 41.18 万公顷，水域及水利设施用地 313.92 万公顷，其他土地 16.15 万公顷。

甘肃省总土地面积约为 45.44 万平方公里，居全国第 7 位。甘肃省山地多，平地少，全省山地和丘陵占总土地面积的 78.2%，土地利用率为 56.93%。全省耕地面积 538.56 万公顷，各种林地资源面积 396.65 万公顷，农用地 1856.45 万公顷，园地 26.00 万公顷，建设用地 83.94 万公顷，牧草地 592.43 万公顷，居民点及工矿用地 73.10 万公顷，交通运输用地 7.02 万公顷，水利设施用地 3.83 万公顷，未利用地 2318.50 万公顷。

另外，由于受到农民进城就业的影响，安徽、江苏和甘肃广大农村地区的宅基地存在季节性闲置，导致了村庄内部房屋空废或空弃，村庄宅基地空心化率不断上升。相对城镇而言，农村地区乡镇企业数量极少，特色产业培育不足，农业产业化、组织化程度低，第二产业发展不足，农村第三产业长期处于空白期。农村公共文化设施严重不足，公共文化活动匮乏，农村文化生活单调、空虚。农村中小学数量不断减少，学校师资力量薄弱，教学设备设施严重缺乏。总之，安徽、江苏和甘肃三个省份的农村空心化在经济、人口、土地等方面都存在不同程度上的区域差异，有必要对其进行分析研究，促进城镇化和城乡一体化。

第二节　典型区域农村空心化的测算

一、指标体系的构建

　　考虑到农村空心化是一个复杂的概念，受到多种因素的影响，而村庄户籍人口密度、常住人口比重、宅基地废弃率和宅基地空置率等指标在一定程度上可以衡量农村空心化程度，但是由于相关数据难以获得。因此，本课题主要从经济、人口、土地三个方面构建指标体系（如图 5 – 1 所示），着重分析农村空心化的根本原因，即农村人口空心化的因素、过程和特征。

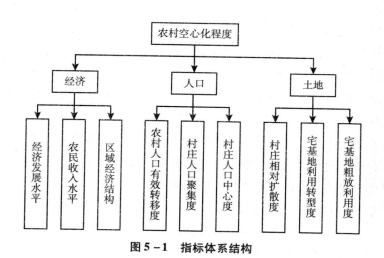

图 5 – 1　指标体系结构

　　经济发展水平 x_1 是驱动农村人口迁移和土地利用变化的关键因素，用人均国内生产总值来衡量。当经济发展水平越高，产业发展态势良好，农民就业机会和收入就会更多，农民就会选择留在当地，不愿意外出，因此农村空心化程度就越低。

　　农村收入水平 x_2 用农民人均纯收入来衡量，直接体现了农村经济发展特征。农民人均纯收入越高，广大农民就会对农村住房进行装修改造，或进入城镇生活，农村空心化程度就越低。

区域经济结构 x_3 表示第二产业增加值和第三产业增加值之和与国内生产总值的比值，直接反映了农民就业结构。非农产业发展越快，新型城镇化水平越高，农村空心化程度就越低。

农村人口有效转移度 x_4 表示城镇化率与农民非农就业率的比值，反映了新型城镇化水平。在大力推进新型城镇化进程中，农村经济得到了迅速发展，村庄空心化程度就相应偏低。

村庄人口集聚度 x_5 表示农村人口与农村居民点用地面积的比值，反映了单位面积的人口承载力。承载力越大，就会有越多的人朝着一个村庄集聚，农村空心化程度也就越低。

村庄人口中心度 x_6 表示农村人口与行政村个数的比值，反映了村庄分布的集中程度。每个行政村承载的人口数量越多，行政村人口集中度就越高，农村空心化程度也就越低。

村庄相对扩散度 x_7 表示末期农村居民点用地面积与初期农村居民点用地面积的比值除以末期乡村人口与初期乡村人口，反映了农村用地增长与农村人口增长的相对变化趋势。增加人均农村用地，农村土地利用就会变得粗放，农村空心化程度也就越高。

宅基地利用转型度 x_8 表示农村居民点用地面积与建设用地面积的比值，反映了农村土地利用的相对格局。若村庄用地规模较大，村庄闲置用地的整治潜力就越显著，农村空心化程度也就越高。

宅基地粗放利用度 x_9 表示人均居民点用地面积与县（市）宅基地利用标准的比值，反映了农村宅基地的粗放利用程度。农村宅基地的利用越粗放，农村空心化程度就越高。

二、研究方法和数据来源

（一）研究方法

层次分析法是 20 世纪 70 年代萨蒂（T. L. Saaty）提出的一种实用的多

方案或多目标的系统分析方法。它是将一些定性和定量指标放在同一个评价模型中，利用较少的定量信息使决策的思维过程数学化，从而为复杂决策问题提供一个简单的决策方法，体现了系统分析和系统综合的思想。

层次分析法建模的主要步骤如下：

1. 建立层次结构模型

根据所要研究的问题选定一些影响因素，按照每个影响因素的不同属性将其分组，构造出一个有层次的结构模型。层次结构模型一般包括目标层、准则层以及指标层三个层次。

2. 构造比较判断矩阵

在建立层次结构模型之后，把上一层某个因素作为比较准则，用标度 a_{ij} 表示对下一层中第 i 元素与第 j 元素的相对重要性，形成一个两两元素比较矩阵，即比较判断矩阵 A。

$$A = \begin{pmatrix} 1 & a_{12} & \cdots & a_{1n} \\ \dfrac{1}{a_{12}} & 1 & \cdots & a_{2n} \\ \cdots & \cdots & \cdots & \cdots \\ \dfrac{1}{a_{1n}} & \dfrac{1}{a_{2n}} & \cdots & 1 \end{pmatrix}$$

其中，标度 a_{ij} 的取值规则如表 5-1 所示。

表 5-1 元素取值规则

元素	标度	规则
a_{ij}	1	以上一层某个因素为准，本层次因素 i 与因素 j 相比，i 与 j 同等重要
	3	以上一层某个因素为准，本层次因素 i 与因素 j 相比，i 与 j 稍微重要
	5	以上一层某个因素为准，本层次因素 i 与因素 j 相比，i 与 j 明显重要
	7	以上一层某个因素为准，本层次因素 i 与因素 j 相比，i 与 j 强烈重要
	9	以上一层某个因素为准，本层次因素 i 与因素 j 相比，i 与 j 极端重要

3. 层次单排序及一致性检验

求出比较判断矩阵 A 的最大特征根 $\lambda\max$ 所对应的特征向量 μ，经过归一化后得到同一层次所有因素相对重要性的排序权重向量 W。令一致性指标 $CI = \dfrac{\lambda_{\max} - n}{n - 1}$，当 $n = 1$，2 时，该判断矩阵总是一致的。当 $n \geqslant 3$ 时，若一致性比例 $CR = \dfrac{CI}{RI} < 0.1$，则该判断矩阵具有一致性；否则，对比较判断矩阵作适当修正。

4. 层次总排序及一致性检验

设上一层次包含 A_1，A_2，$\cdots$，A_m 共 m 个因素，层次总排序权重分别为 a_1，$\cdots$，a_m，下一层次包含 n 个因素 B_1，B_2，$\cdots$，B_n，它们关于 A_j 的层次单排序权重分别为 b_{1j}，b_{2j}，$\cdots$，b_{nj}。由 $b_i = \displaystyle\sum_{j=1}^{m} b_{ij} a_j$，求出 B 层各因素的层次总排序权重 b_1，b_2，$\cdots$，b_n。

由高到低对层次总排序进行一次性检验，得到总排序随机一致性比率 $CR_{\text{总}}$：

$$CR_{\text{总}} = \frac{CI_{\text{总}}}{RI_{\text{总}}} \qquad (5-1)$$

其中：$CI_{\text{总}}$ 为总排序一致性指标；$RI_{\text{总}}$ 为总排序平均随机一致性指标。当 $CR_{\text{总}} < 0.1$ 时，可以认为层次总排序的结果具有一致性；反之，对比较判断矩阵作适当修正。

（二）数据标准化处理

农村空心化与经济、人口和土地三个子系统的关系显著相关，为了消除各个指标量纲的影响，本文采用极差标准化方法对数据进行处理，具体公式如下：

对于效益性指标：

$$r_{ij} = \frac{x_{ij} - \min(x_{ij})}{\max(x_{ij}) - \min(x_{ij})} \qquad (5-2)$$

对于成本性指标：

$$r_{ij} = \frac{\max(x_{ij}) - x_{ij}}{\max(x_{ij}) - \min(x_{ij})} \qquad (5-3)$$

其中：r_{ij} 为第 i 个样本的第 j 个指标的标准化数据，x_{ij} 为第 i 个样本的第

j 个指标的原始数据，$\max(x_{ij})$ 为第 j 个指标的最大值，$\min(x_{ij})$ 为第 j 个指标的最小值。

（三）数据来源

地区生产总值、农民人均纯收入、乡村户数、乡村人口、第二产业增加值及第三产业增加值等社会经济类数据来源于 2015 年《安徽省统计年鉴》《江苏省统计年鉴》《甘肃省统计年鉴》及《中国县域统计年鉴》；耕地、建设用地、农村居民点用地等土地数据通过安徽、江苏、甘肃及各地级市的统计年鉴计算得到；各县宅基地利用标准根据安徽、江苏和甘肃颁发的《农村宅基地管理办法》《实施〈中华人民共和国土地管理法〉办法》以及《实施〈土地管理法〉办法》等相关资料综合确定。对于部分缺失的数据，按照所在地级市的数据采用加权平均值法进行估算。

三、实证结果与分析

利用 yaahp7.5 软件直接得到 2014 年安徽省、江苏省和甘肃省县域农村空心化得分，结果如表 5-2、表 5-3、表 5-4。

由表 5-2 可知，2014 年安徽省 62 个县（市）的农村空心化得分在 0.5071~0.8173 之间，总体上呈现"南北低，东西高"的分布特征，全省平均县域农村空心化水平达到 0.6434，县域经济存在较为严重的农村空心化现象。排名第一的石台县与排名最后的巢湖市农村空心化得分相差 0.3484，区域整体差异较大。县域农村空心化综合得分最高前十名的县（市）分别是石台县、金寨县、岳西县、霍山县、铜陵县、霍邱县、临泉县、潜山县、祁门县和定远县，这些县（市）的农民为了提高收入，改善生活环境，纷纷选择了外出务工，整个村庄的宅基地空置与废弃现象较为明显，农村空心化问题相对较为严重。而得分最低的后十名分别是巢湖市、歙县、宁国市、怀宁县、界首市、肥西县、桐城市、郎溪县、寿县和庐江县，这些县（市）的农村发展相对较好，因此农村空心化水平相对较低。

表 5-2 　　　　　　　　　　**2014 年安徽省县域农村空心化得分**

县（市）	得分	县（市）	得分	县（市）	得分	县（市）	得分
石台县	0.8085	当涂县	0.7170	枞阳县	0.6444	长丰县	0.5626
金寨县	0.8053	宿松县	0.7135	无为县	0.6387	颍上县	0.5598
岳西县	0.7861	五河县	0.7129	和县	0.6368	明光市	0.5595
霍山县	0.7820	固镇县	0.6929	繁昌县	0.6338	太湖县	0.5537
铜陵县	0.7818	灵璧县	0.6896	含山县	0.6319	庐江县	0.5447
霍邱县	0.7733	泗县	0.6887	阜南县	0.6137	寿县	0.5187
临泉县	0.7644	来安县	0.6814	舒城县	0.6133	郎溪县	0.5072
潜山县	0.7564	黟县	0.6810	涡阳县	0.6054	桐城市	0.5007
祁门县	0.7552	东至县	0.6782	休宁县	0.6051	肥西县	0.4970
定远县	0.7405	凤台县	0.6713	全椒县	0.6024	界首市	0.4959
泾县	0.7402	凤阳县	0.6644	天长市	0.5977	怀宁县	0.4808
绩溪县	0.7390	南陵县	0.6631	芜湖县	0.5903	宁国市	0.4801
砀山县	0.7275	濉溪县	0.6499	望江县	0.5871	歙县	0.4626
旌德县	0.7248	利辛县	0.6496	萧县	0.5852	巢湖市	0.4601
青阳县	0.7214	怀远县	0.6487	太和县	0.5737		
广德县	0.7173	蒙城县	0.6487	肥东县	0.5736		

表 5-3 　　　　　　　　　　**2014 年江苏省县域农村空心化得分**

县（市）	得分	县（市）	得分	县（市）	得分	县（市）	得分
赣榆县	0.6761	洪泽县	0.5786	靖江市	0.5384	金坛市	0.4465
灌云县	0.6743	沭阳县	0.5744	仪征市	0.5336	常熟市	0.4456
灌南县	0.6712	睢宁县	0.5686	海安县	0.4965	启东市	0.4433
泗洪县	0.6710	泗阳县	0.5580	东台市	0.4952	宜兴市	0.4423
东海县	0.6697	阜宁县	0.5565	句容市	0.4929	扬中市	0.4288
金湖县	0.6686	盱眙县	0.5555	高邮市	0.4861	江阴市	0.4172
邳州市	0.6584	建湖县	0.5500	如东县	0.4638	溧阳市	0.4025
丰县	0.6418	泰兴市	0.5493	宝应县	0.4565	昆山市	0.3992
涟水县	0.6340	沛县	0.5470	丹阳市	0.4543	张家港市	0.3960
兴化市	0.6323	大丰市	0.5454	海门市	0.4526		
如皋市	0.5940	射阳县	0.5441	响水县	0.4513		
新沂市	0.5926	滨海县	0.5440	太仓市	0.4500		

由表 5-3 可知，2014 年江苏省 45 个县（市）的农村空心化得分在 0.3960~0.6761 之间，总体上呈现"南低北高"的分布特征，全省平均县域农村空心化水平达到 0.53，县域经济存在一定程度上的农村空心化现象。排名第一的赣榆县与排名最后的张家港市农村空心化得分仅相差 0.2801，区域整体差异不大。县域农村空心化综合得分最高前十名的县（市）分别是赣榆县、灌云县、灌南县、泗洪县、东海县、金湖县、邳州市、丰县、涟水县和兴化市，这些县（市）大多处在江苏省东北或者西北部，经济发展相对落后，空心化问题较为严重。而得分最低的后十名分别是张家港市、昆山市、溧阳市、江阴市、扬中市、宜兴市、启东市、常熟市、金坛市和太仓市，这些县（市）大多位于江苏省南部，经济发展水平较高，空心化程度较低。

表 5-4　　　　　　　　　2014 年甘肃省县域农村空心化得分

得分	县（市）	得分	县（市）	得分	县（市）	得分	县（市）
临潭县	0.8982	卓尼县	0.8171	民乐县	0.7149	甘谷县	0.6201
东乡县	0.8845	崇信县	0.8125	康乐县	0.7076	泾川县	0.6149
永登县	0.8772	通渭县	0.8092	陇西县	0.7035	瓜州县	0.6112
正宁县	0.8759	秦安县	0.8072	景泰县	0.7011	临洮县	0.5942
和政县	0.8672	康县	0.8068	庄浪县	0.6965	民勤县	0.5676
西和县	0.8643	临泽县	0.7986	肃北县	0.6872	靖远县	0.5670
礼县	0.8635	广河县	0.7872	高台县	0.6837	宁县	0.5619
夏河县	0.8569	会宁县	0.7739	成县	0.6830	环县	0.5583
玛曲县	0.8501	徽县	0.7706	临夏市	0.6815	永昌县	0.5559
合作市	0.8499	天祝县	0.7552	武山县	0.6752	榆中县	0.5542
渭源县	0.8472	宕昌县	0.7498	漳县	0.6708	金塔县	0.5426
舟曲县	0.8464	阿克塞县	0.7473	皋兰县	0.6545	华池县	0.5414
永靖县	0.8436	临夏县	0.7423	静宁县	0.6505	庆城县	0.5403
清水县	0.8431	玉门市	0.7344	碌曲县	0.6425	迭部县	0.5380
文县	0.8360	镇原县	0.7338	古浪县	0.6404	敦煌市	0.5351
灵台县	0.8353	山丹县	0.7324	两当县	0.6371		
肃南县	0.8295	张家川县	0.7309	华亭县	0.6302		
积石山县	0.8280	岷县	0.7305	合水县	0.6202		

由表 5 - 4 可知，2014 年甘肃省 69 个县（市）的农村空心化得分在 0.5351 ~ 0.8982 之间，总体上呈现"西低东高"的分布特征，全省平均县域农村空心化水平达到 0.7220，县域经济存在严重的农村空心化现象。排名第一的临潭县与排名最后的敦煌市农村空心化得分仅相差 0.3631，区域整体差异较大。县域农村空心化综合得分最高前十名的县（市）分别是临潭县、东乡县、永登县、正宁县、和政县、西和县、礼县、夏河县、玛曲县和合作市，这些县（市）大多数经济发展相对落后，空心化问题较为严重。而得分最低的后十名分别是敦煌市、迭部县、庆城县、华池县、金塔县、榆中县、永昌县、环县、宁县和靖远县，这些县（市）经济发展水平较高，空心化程度较低。

通过比较安徽、江苏和甘肃省的县域农村空心化，三省都存在明显的空心化现象，空心化问题十分严重，甘肃省的平均县域农村空心化水平最高，得分为 0.7220，安徽省平均县域农村空心化水平达到 0.6434，江苏省的平均县域农村空心化水平虽然最低，但还是达到 0.53。从经济方面来看，江苏省的经济发展明显优于安徽省和甘肃省，根据经济学家托达罗（Michael P. Todro）的人口流动模型，安徽省和甘肃省的农村人口流动量要大于江苏省，大量的人口流动削减了农村有效劳动力，导致农村宅基地大量空置或废弃，加剧了农村空心化。由于江苏省处于中国最发达的华东地区，每一个县（市）通过乡镇工业形成基于产业链或价值链的组团式发展，辐射带动能力很强，在一定程度上增强了农村经济实力。而安徽省和甘肃省地处中部和西北地区，属于内陆省域，区位优势不明显，辐射带动能力很弱，农村经济发展相对滞后。总之，农村经济发展水平越高的地方，农村空心化程度一般相对较低。

第三节　农村空心化区域差异研究

通过对安徽、江苏和甘肃三省县域视角下的农村空心化现象进行研究，总体上把握了农村空心化程度和区域差异特征。但是为了深入探究影响农村空心化区域差异的因素，还需要从村域尺度视角，进行具体案例分析。因此，课题组对甘肃省平凉市华亭县的策底村、江苏省苏州市吴中区横泾街道的尧南社区和安徽省合肥市肥西县的南分路村、安徽省桐城市新渡镇双墩村、安徽省阜阳市颍泉区行流镇邵营村和安徽省安庆市怀宁县洪铺镇黄山村等9个村庄进行实地调研。调研过程中，采用发放调查问卷、宅基地入户调查以及与村干部座谈等方法。实地调研中，共发放人口空心化调查问卷2000余份，回收有效问卷1596份，问卷回收率79.8%，此外，还有其他数量不等的系列问卷。

一、样本村简介

策底村位于甘肃省平凉市华亭县北部，辖区面积4.35平方公里，现有8个村名组，农户535户，人口2362人，其中党员72人，人均耕地面积2.54亩，2013年人均纯收入2836元，外出打工人数为715人。农业方面，该村以种植小麦、玉米、土豆等为主，也种植一些经济作物。教育方面，该村目前只有1所幼儿园、1所小学、1所不完全中学。另外策底村临近2个煤矿（属华亭煤业集团公司）、1个水泥厂，村内建有4个砖厂，吸纳了一部分村里的青壮年劳动力就业。

尧南社区位于江苏省苏州市吴中区横泾街道，距苏州古城区14千米，东临太湖，南会横泾，西接胥口，北邻木渎，吴中大道、木东公路穿越全村，交通地理位置得天独厚，辖区面积6.03平方公里。现有28个居民小组，共有农户1129户，人口4321人，拥有劳动力2576人。该村发展股份合作经济构建农民持续增收的长效机制，先后组建了尧南葡萄股份合作社等五大股份合作社，共获红利215万元，人均增收1026元。全社区投资性入股家庭达到576户，参股率达51.72%。

南分路村位于安徽省合肥市肥西县南部，铭传乡政府所在地村，周边与本乡青峰村、墩塘村、鸽子笼村、三河村、桂树村相邻，距312国道约3公里，南金路、南聚路、南农路全线畅通，宁西铁路、金武铁路穿村而过，属典型的江淮分水岭岗冲地形。南分路村现有村民组24个，人口2295人，户数608户，基层党组织设一个总支部委员会，四个支部委员会，现有党员54名，流动党员4名。

邵营村位于安徽省阜阳市颍泉区行流镇东部，辖区面积6.3平方公里，现有9个自然村，共有农户1660户，总人口7100人，其中，农业人口占96.6%。全村拥有丰富的劳力资源，剩余劳动力过多，劳务经济已成为村民收入的主要来源。全村总耕地面积7512亩，人均耕地面积1.1亩，抛荒面积500多亩，主要种植西瓜、草莓等经济作物和小麦、玉米、大豆等粮食作物。该村在培育新型经营主体方面取得了显著成效，拥有农民专业合作社、种养大户、家庭农场、农业企业各1家。

黄山村位于安徽省怀宁县洪铺镇南部，距怀宁县城约27公里，距洪铺镇约4公里，距G318国道约12.1公里，距G206国道约14.9公里。全村下辖33个村民组，共有总人口2798人，农户670户，其中劳动力2438人，男性1130人，占总劳动力数46.3%，外出从业时间半年以上劳动力人数为1616人，占总人口的57.8%。该村水域面积537公顷，林地面积118.3公顷。

双墩村位于安徽省桐城市新渡镇的西南部，辖区面积4.5平方公里，现有25个村民组，农户850户，人口3418人，正式党员89人，农业人口占94.7%。全村总耕地面积3916亩，人均耕地面积1.1亩，抛荒面积300亩左右，主要种植水稻和油菜，少量小麦、玉米和红薯。村内田间道路四通八达，已经形成农田排灌体系，共修建沙石硬化道路14公里，水泥道路2.4公里，四坝河分别设2座6寸和2座10寸提水站，柏年大沙河设3座10寸提水站。该村在培育新型经营主体方面取得了显著成效，分别拥有农民专业合作社、种养大户、家庭农场、农业企业1家。

样本村2014年基本情况如表5-5所示。

表5-5   2014年样本村基本情况

样本村	策底村	尧南社区	南分路村	邵营村	黄山村	双墩村
所属地区	甘肃省华亭县	江苏省吴中区	安徽省肥西县	安徽省颍泉区	安徽省怀宁县	安徽省桐城市
总面积（平方公里）	4.35	6.03	8.7	6.3	16.5	4.5
村民组（个）	8	28	24	9	33	25

续表

样本村	策底村	尧南社区	南分路村	邵营村	黄山村	双墩村
所属地区	甘肃省华亭县	江苏省吴中区	安徽省肥西县	安徽省颍泉区	安徽省怀宁县	安徽省桐城市
户数（户）	535	1129	608	1660	670	850
总人口（人）	2362	4321	2295	7100	2798	3418
男性（人）	1265	2569	1239	3579	1361	1780
女性（人）	1097	1752	1056	3521	1437	1638
外出务工（人）	715	1965	995	2014	1019	1452
耕地面积（亩）	6000	6430	5417	7512	8458	3916
人均耕地面积（亩）	2.54	1.5	2.4	1.1	3	1.1
人均纯收入（元）	2836	19360	8260	7504	7670	15972
发放问卷（份）	200	350	250	550	350	300
回收有效问卷（份）	152	303	195	435	283	228
回收率（%）	0.76	0.87	0.78	0.79	0.81	0.76

二、农村空心化率的测算

对于农村空心化现象的研究，有助于了解我国农村发展状况及空心化所处阶段，从而总结出有效治理空心化的经验和办法。目前，研究人员从多个角度给出了计算农村空心化率的方法，有学者将村庄内废弃地面积和村庄内闲置地面积之和占村庄宅基地总面积的比重作为农村空心化率，部分学者用村庄外出务工转移劳动力人数占村庄总劳动力数的比重作为衡量村庄空心化率的标准。但由于村庄空心化现象主要表现在村庄宅基地的大量闲置或废弃以及大量人口转移，因此，本课题将二者相结合，计算样本村空心化率。其表达式如下：

$$y_v = \frac{a_k + a_f}{a} \times 50\% + \frac{L_f}{L} \times 50\% \qquad (5-4)$$

其中：y_v 表示农村空心化程度，a_k 表示村庄空置宅基地面积，a_f 表示村庄废弃宅基地面积，a 表示村庄宅基地总面积，L_f 代表流出劳动力数量，L 代表村庄总人口。

利用调研数据，我们得到 2000～2014 年 6 个样本村的村庄空心化率，如图 5-2 所示。

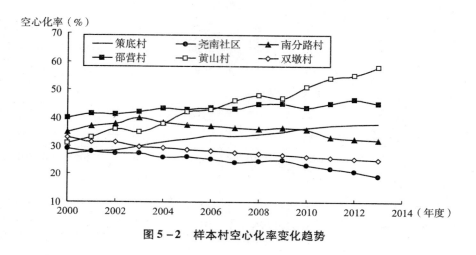

图 5-2　样本村空心化率变化趋势

由图 5-2 可以看出，在 2000～2014 年每一个样本村的空心化率都较高，严重阻碍了农村社会的发展。策底村的空心化率整体上呈现上升趋势，但上升幅度不大，由 2000 年的 27% 上升到 2014 年的 38%。其主要原因是该村基层存在严重的政策脱节问题，基层不能有效执行国家的方针政策，导致村庄管理不善，所以空心化率一直呈递增趋势。另外，由于 2003 年该村开采煤矿，很多以往去西安、内蒙古、银川以及兰州等地打工的农民，选择陆续回乡。2011 年策底村新街建立，整个村庄的面貌发生了较大变化。因此，策底村的空心化率整体上较低。

尧南社区的空心化率整体上呈现下降趋势，由 2000 年的 22% 下降到 2014 年的 19%，村庄空心化开始进入到改善期。在整个阶段，由于尧南社区靠近很多大中型城市，具有明显的区位优势，本身经济发展相对较好，很多村民都选择留在本地发展，劳动力的回流在某种程度上减少了农村空心化。尧南社区在经济发展过程中，先后组建了尧南葡萄股份合作社、尧南物业股份合作社、尧南置业股份合作社、横泾街道物业合作总社尧南分社和尧南社区资产股份合作社，全村经济得到了迅速发展。但尧南社区进行了行政村合并，在之后的两年村庄空心化率又有所增加，但增加幅度不大。随着集中居住的小区竣工，尧南社区拆除了大量的空置和废弃房屋，村庄空心化逐渐得到治理。

南分路村的空心化率整体上呈现先上升后下降的变化趋势。2000～2003年村庄空心化率呈现上升趋势，由2000年的35%上升到2003年的40%，这是由于各种国家政策使得农民的收入普遍增加，许多在外务工的农民在合肥市、肥西县购买了新房，或者新建了楼房，出现了大量房屋空置或废弃现象，最终导致整个村庄的空心化率上升。2004～2014年村庄空心化率呈现下降趋势，由2004年的38.4%下降到2014年的32%，这是由于金武铁路的修建，使得大量的宅基地空置和废弃房屋被拆除，加上该村充分依托区位优势及扶持政策，外出务工人员的数量有所减少。随着铭传乡围绕打造"生态、人文、旅游之乡"的发展战略，主动承接紫蓬山和小井庄的旅游开发，打造好磨墩湖、潜山湖、刘老圩、张新圩、大潜山等景点，辐射带动了南分路村的经济发展。另外，铭传乡成立了大葱协会、养鸡协会、植保协会、蚕桑合作社、薄荷合作社等农民专业合作组织，有效缓解了南分路村的空心化现象。

邵营村的空心化率整体上保持不变，一直在43%左右波动。这是由于邵营村村民一直保持传统农耕生活，只有一小部分的农民外出务工，并且这部分农民在农忙季节就返回家乡，这在一定程度上缓解了村庄空心化现象。另外，邵营村深入贯彻农业现代化发展需求，积极培育新型农业经营主体，有效解决了"农地空心化"现象，使得更多的农民留在家乡创业致富。当农民经济收入增多了，就会有选择地对部分房屋进行修缮，降低了房屋空置率。因此，从总体上说，邵营村的空心化率相对保持不变，维持一个较高的水平。

黄山村的空心化率整体上呈现上升趋势，从2000年的31%上升到2014年的58%，村庄空心化开始进入到加剧阶段。黄山村的空心化率急剧增长与安徽省农村空心化发展过程相吻合，从21世纪伊始，国家和安徽省相继出台关于城镇化、农业产业化等一系列相关政策，为该村农民提供了更多的就业机会,大多数村民都选择去长三角、珠三角地区工作。另外,大量的人口流动加剧了黄山村内部宅基地闲置或废弃,加上旧房拆除具有一定的滞后性,所以黄山村的村庄空心化程度持续增加。

双墩村的空心化率整体上呈现下降趋势,从 2000 年的 33% 下降到 2014 年的 25%。21 世纪以来,双墩村先后成立了家庭农场、专业种植大户、农民专业合作社,新型农业经营主体的加入,促进了农地流转,在一定程度上缓解了村庄空心化的状况。随着现代化农业的发展,集体经济不断发展壮大,切实增加了当地村民的收入,越来越多的农民都不愿意外出务工,从事现代农业的人口有逐步增加的趋势,村庄房屋废弃和闲置现象普遍减少,村庄空心化率不断下降。

通过比较这 6 个样本村的空心化率可以看出,农村经济发展水平越高,就会提高农村土地利用效率,有效创新各种土地配置制度和管理制度,解决宅基地废弃、空置与低效利用问题,从而促进村庄内聚式发展,降低农村空心化程度。区位条件对农村空心化的影响至关重要。当一个村庄的区位条件十分优越时,能够引进信息技术和更多财力,引进和造就各种专门人才,吸引返乡农民工就业创业,提高了村民的生活质量,致使农村空心化问题进一步减轻。当村庄发展以农业为中心的产业集群,或者有第二或者第三产业支撑时,能够为当地村民提供大量的就业岗,拓宽农民增收致富渠道,稳步推进城乡发展一体化进程,加快工业化、城镇化步伐,从而降低农村空心化程度。

三、研究方法

(一) 指标选择

根据前面的分析可以发现,6 个样本村的经济基础、资源禀赋和区位条件等因素影响着村庄空心化的形成与发展,因此,根据区域经济差异理论,我们选择经济基础、资源禀赋和区位条件作为自变量,选择空心化率作为因变量,研究自变量对村庄空心化率区域差异的影响。

资源禀赋衡量指标包括人均宅基地面积指标、人均留守劳动力耕地面积指标以及留守劳动力比例指标。人均留守劳动力耕地面积 x_1 反映村庄的耕地资源，用村庄总耕地面积与留守劳动力数的比值来计算。人均宅基地面积 x_2 反映的是村民的居住资源，用村庄宅基地总面积与人口总数来计算。留守劳动力比例 x_3 反映了村庄的劳动力资源，用村庄留守劳动力与总劳动力数的比值来计算。

经济基础衡量指标包括农村人均农业与非农收入比指标和农民人均纯收入指标。农村人均农业与非农收入比 x_4 反映的是村庄的经济结构，用农村人均农业收入与非农业收入的比值来计算。人均纯收入 x_5 反映的是农村村民的收入水平，用村庄总收入与人口总数的比值来计算。

区位条件衡量指标包括人口流动的拉力指标、劳动力素质指标和公路数量指标。人口流动的拉力 x_6 反映的是城市对农民的吸引力，用距离最近的城市人均收入和村庄人均收入比再与城村庄间距离比来计算。劳动力素质 x_7 反映的是村民的受教育水平，用初中及以上学历的劳动力人数与总劳动力人数的比来计算。公路数量 x_8 反映的是村庄的区位优势和交通情况，用样本村庄内和附近的公路数量来衡量。

(二) 多元逐步回归

在传统经济模型建立过程中，相较于一般指标，经济指标包含的信息交叉性更强，各个指标之间可能存在多重共线性，会导致统计检验失效，回归模型缺少稳定性，可靠度降低，因此，不应该直接建立回归模型。为了避免各个经济变量指标之间的多重共线性，保证指标之间的独立性，本文采用多元逐步回归方法。在建立计量经济模型时，一般是将自变量全部引入构建的经济模型中，再根据统计检验剔除次要的变量。而多元逐步回归方法在选择变量时，属于一个"由少到多"的过程。具体步骤如下：

（1）利用最小二乘法分别对 n 个自变量与因变量进行拟合回归，结合经济意义和统计检验选择一组拟合优度最高的方程。

（2）将剩余的 $n-1$ 个自变量分别引入步骤（1）中已经确定的回归模型中，再用相同方法选择相对较优模型，最终得到一个二元回归模型。在选择过程中需要确认每一个自变量都是显著的，参数符号都是合乎经济学解释的，可决系数 R^2 都有所提高。

（3）按照步骤（2）的方法，以此类推，直到无法引入新的变量为止，最终得到一个拟合度最高的多元方程。

四、实证结果与分析

根据实际调研的相关数据，本文利用 EViews 软件对黄山村的农村空心化进行多元逐步回归。首先，运用 OLS 方法分别将人均留守劳动力耕地面积、人均宅基地面积、留守劳动力比例、人均农业收入与非农收入比、人均纯收入、人口流动的拉力、劳动力素质以及公路数量与村庄空心化率进行回归，得到 8 个一元线性回归模型。通过对这些模型的统计检验进行分析，发现村庄空心化率 y 与人均农业收入与非农收入比 x_4 的线性关系最强，拟合程度最好，所以选取该模型作为最基本模型，回归结果如表 5 – 6 所示。

表 5 – 6　　　　　　　　自变量 x_4 与村庄空心化率的回归结果

变量	系数估计值	t 统计量	双侧概率
C	0.176	45.673	0.010
x_4	– 0.245	– 36.545	0.002

其次，在上述模型中分别引入 7 个其他自变量，利用 EViews 软件进行回归分析，得到 7 个二元回归模型。发现在引入留守劳动力比例 x_3 后，模型的拟合度有了明显的提高，改善了模型的拟合效果（如表 5 – 7 所示），所以将该模型作为基本模型。

表 5 – 7　　　　　　　　自变量 x_2、x_4 与村庄空心化率的回归结果

变量	系数估计值	t 统计量	双侧概率
C	0.118	14.546	0.004
x_2	– 0.255	– 7.452	0.024
x_4	– 0.142	– 9.909	0.014

依次类推，分别加入劳动力素质指标、周边公路数量指标和人均宅基地面积指标，最终得到的回归结果如表5-8所示。

表5-8　　　　　　　　　　逐步回归的拟合结果

变量	系数估计值	t统计量	双侧概率
C	0.438	6.728	0.005
x_2	0.038	2.461	0.020
x_3	-0.561	-11.087	0.015
x_4	-0.096	4.076	0.004
x_7	0.200	9.879	0.006
x_8	-0.051	-2.635	0.013

根据表5-8得到回归方程：

$$y = 0.438 + 0.038\ln x_2 - 0.561\ln x_3 - 0.096\ln x_4 + 0.200\ln x_7 - 0.051\ln x_8$$

$$(5-5)$$

由这个回归方程可以看出，村庄的经济基础、资源禀赋和区位条件都会对该村的空心化产生影响，影响最大的是村庄拥有的资源情况，影响最小的是村庄本身的经济发展情况。具体来看，留守劳动力的比例系数为-0.561，是影响最大的指标，表明留守劳动力的比例每增加1%，空心化率的数值就会下降0.00561个单位；人均宅基地面积系数为0.038，是影响最小的指标，表示人均宅基地面积每增加1%，空心化率增长0.00038个单位；劳动力素质对空心化具有促进作用，每提高1%村庄空心化率的数值就会增长0.002个单位；人均农业收入与非农业收入比和周边公路数量两个指标对空心化具有抑制作用，每提高1%村庄空心化率的数值就会下降0.00096和0.00051个单位。

根据同样的方法，我们分别得到策底村、尧南社区、南分路村、邵营村和双墩村的回归方程：

$$y = -0.981 + 0.108\ln x_2 - 0.823\ln x_3 - 0.102\ln x_4 + 0.958\ln x_7 - 0.031\ln x_8$$

$$(5-6)$$

$$y = 0.272 - 0.063\ln x_3 - 0.637\ln x_5 + 0.081\ln x_6 + 0.168\ln x_7 - 0.435\ln x_8$$

$$(5-7)$$

$$y = 0.383 + 0.162\ln x_2 - 0.256\ln x_3 - 0.115\ln x_5 + 0.417\ln x_6 - 0.282\ln x_8$$

$$(5-8)$$

$$y = -0.675 + 0.256\ln x_2 - 0.145\ln x_3 - 0.014\ln x_5 + 1.212\ln x_6 + 0.473\ln x_7$$

$$(5-9)$$

$$y = 0.843 + 0.325\ln x_2 - 0.241\ln x_3 - 0.175\ln x_5 + 0.028\ln x_7 - 0.315\ln x_8$$

$$(5-10)$$

通过式（5-5）~式（5-10）我们可以发现，不同地区的村庄空心化影响因素不一样，同一个因素的影响程度也不一样。在欠发达地区，由于受到区位条件的制约，农村经济发展水平不高，非农产业就业机会不多，农业现代化水平也较低，村庄经济发展的主要动力仍主要依靠大量的劳动力资源。但是随着农村劳动力的大量外流，使得农田耕作缺乏劳动力，延缓了当地经济社会发展，农村空心化程度也相应增加。而在发达地区，村庄与周边城市的联系密切，受到城市的辐射能力也就越强，不仅方便了村民的活动，而且还减少了人口的流动，在一定程度上缓解了农村空心化。发达地区的经济发展水平高，能够吸引更多的投资，可以优化产业结构，促进就地城镇化，反过来又促进当地经济的发展，从而降低农村空心化程度。

第四节　本章小结

本章在对安徽省、江苏省以及甘肃省等多个村庄进行实地调研的基础上，从县域视角和村域视角分别分析了不同区域的农村空心化程度，发现不同区域的农村空心化存在显著差异。如果仅从理论模型分析出发，研究结果表明经济发展水平是影响农村空心化的首要因素，经济发展水平高，农民收入水平高，区位条件优越，并且有现代产业支撑的地区，其农村空心化程度往往就较低。但是，实地调研的情况与模型分析之间有一定差异，例如甘肃省华亭县的策底村，虽然经济比较落后，但由于比邻华亭煤业集团公司的两个煤矿，近些年来，该村青壮劳动力选择就近就业，农村人口空心化比率较东部、中部地区的几个村反而较低。由此可以推断，农村产业或地区产业的发展是影响人口空心化的实质性因素。我国正处于城乡发展转型的关键阶段，应该结合我国农村空心化的空间格局与地域分区特征，遵循因地制宜、分类、分区的原则展开整治与政策设计，促进农村地域系统的良性发展，实现土地资源可持续利用和社会经济的可持续发展。

第六章

我国农村空心化的治理

——城乡经济统筹

第一节　城乡经济统筹的目标

我国农村空心化问题是城乡转型发展过程中乡村地域系统演化的一种特殊形态，是在我国长期的城乡二元体制和"城市倾向"背景下的各种矛盾激化的产物，是市场机制和政府调控不协调导致资源错配的必然结果。新时期，解决农村空心化问题的关键在于构建城乡经济社会—体化发展的新机制与新格局，扎实推进新农村建设和全面小康社会建设，优化农村资源配置和谋求农村可持续发展的根本出路，为城乡统筹发展搭建新平台。

党的十六届三中全会明确提出"统筹城乡发展、统筹区域发展、统筹经济社会发展、统筹人与自然和谐发展、统筹国内发展和对外开放"的新要求，是全面发展的科学发展观的深化和创新，为处理新时期城乡协调发展指明了方向。中共中央、国务院《关于落实发展新理念加快农业现代化实现全面小康目标的若干意见》明确提出推进，农业现代化，促进统筹城乡发展，实现全面小康目标。多年来，我国经济社会发展注重城市和工业，忽略农村和农业发展，制度设计和投资取向向工业和城市倾斜，城乡二元结构矛盾突出。统筹城乡发展，就是要发挥城市对农村的带动作用和农村对城市的促进作用，形成以城带乡、城乡联动、整体发展的格局，有效解决

"三农"问题，从根本上消除城乡二元结构。城乡经济统筹作为城乡统筹的基础，以缩小城乡收入差距和化解城乡经济二元结构为目标，立足实现城乡资源自由流动，以工业化和城镇化带动农业产业化和新农村建设，提高农业生产效率，增加农民收入，提升农村经济发展水平，形成"以城带乡，以乡促城"城乡协调发展新格局。

一、资源自由流动

城乡资源自由流动，就是推进城乡相互协调，促进城乡优势互补和利益共享，使农村为城市发展提供腹地、资源和市场，城市为农村发展提供资金、技术和人才。长期以来，我国城乡之间的分割与对立，从经济学的角度来分析，实际上就是城乡之间的各种要素流通受阻，从而导致资源配置错位。城乡经济统筹应以消除城乡二元经济结构和城乡分割市场结构为重点，充分发挥市场在资源配置中的决定性作用，打破城乡要素合理流动壁垒，积极引导城乡土地、资本、人力、技术、管理、信息等生产要素合理高效流动，建立规范的要素流通秩序，营造各类经济主体获取机会均等、使用权利平等的要素利用环境，促进各种生产要素在城乡之间自由流动和公平竞争，加快发展和培育城乡统一、开放、竞争、有序的一体化要素市场体系。一是发挥市场在配置资源中的基础性作用，破除城乡劳动力流动的政策壁垒，构筑公平统一的城乡劳动力市场，让农村劳动力平等地参与城乡就业竞争；二是探索农村集体资产股份制改造，农民承包地和宅基地实行有偿流转，逐步建立土地资源良性流转机制，实现土地资源的优化配置；三是整合城乡的科学技术资源，推广现代化农业科技，开拓科技下乡渠道，开展多层次、多样化的科技服务，建立城乡科技资源良性互动新机制；四是建立城乡金融资源流通分配体制，继续深化信用社等农村中小金融机构改革，促进城市资金流向农村，为农村建设、农业发展提供金融支持；五是建立城乡信息良性互动流通新机制，加强城乡间项目、技术、人才、市场的各方面信息的交流与合作，改善信息交流互动基础条件，提高信息服务水平。

二、农业增产增效

农业经济效益较低是导致农村和农业人口逃离的一个重要原因。统筹城乡经济发展，推进农村空心化综合治理，关键在于推进农业现代化，实现农业增产增效，以及促进与农业相关的非农产业发展，增强农村经济实力，扩大对农村和农业对农民的吸引力。一要强化农业科技支撑，实现科技增产增效。强化农业科技支撑，推进先进科学技术在农业生产、经营和管理中的广泛应用，从而保障优质安全农产品有效供给，提升产品质量，降低生产成本，提高农业生产经济效率。二要转变农业发展方式，实现结构增产增效。优化农业种养结构，转变农业生产方式，以培育主导产业、特色产业为重点，发展新型高效农业和生态观光旅游农业，注重农业招商和技术引进，调整优化农业产业层次、产品层次和品质层次，促进农业产业结构不断升级，提高农业的生产效率，实现农业的专业化、规模化、现代化生产，使农业资源得到更合理的利用。三要推进适度规模经营，实现规模增产增效。以土地确权登记为契机，积极引导农民进行土地流转或采用土地入股方式，积极开展适度规模经营，推进农业生产经营规模化和集约化，实现规模效益。四要完善农业生产经营体制，实现创新增产增效。在坚持家庭联产承包经营为基础、统分结合的双层经营制度的基础上，积极适应农业劳动力不断减少的趋势，适应市场经济发展的要求，发展多种形式的农户联合与合作经营，健全农业社会化服务体系，大力发展产业联合体组织模式，将农产品生产的产前、产中、产后联系起来，形成链条化生产体系，实现农产品增值，增加农业收益，完善农业生产组织利益分配机制，风险共担、利益共享，降低农业的市场风险和自然风险。

三、农民收入增加

农民收入低是促成其外出务工、进而造成农村人口空心化的重要原因之一。城乡经济统筹应加快构建农民增收的长效机制，广施农民增收政策，广辟农民增收渠道，千方百计提高农民收入水平，逐步缩小城乡居民收入差距。一要深化城乡收入分配和就业制度改革，建立公平的就业制度，统筹城乡收入分配和劳动就业，通过扩大就业、调节分配机制，提高农民收入水平。建立覆盖城乡的、拥有强大信息容量的、规范有序的市场服务体系，完善农民工工资支付保障制度，合理确定和提高农民工工资水平、严格执行劳动合同制度等方式切实维护农村劳动力外出务工的合法权益。二要优化农民收入结构，增加农民的工资性收入，提高农业外部增收比重，加大农业补贴等转移支付力度。逐步建立农产品目标价格体制，完善粮食价格保护和收储政策，推广农业政策性保险，为农民增收提供政策和制度保障。三要深化户籍管理制度改革，取消农村劳动力进城的各种限制性和歧视性规定，允许有条件的进城人员向城镇人口转化。建立以常住地为标准的户籍登记、管理制度，消除依附在城镇户口上的就业、培训、社会保障等方面的利益特权，引导进城人员的市民化。改善农民工务工就业和生活环境，引导农民工就近就地就业，提高户籍人口城镇化水平。

第二节　城乡经济统筹的路径和模式

城乡经济统筹的关键在于建立城乡一体化的产业体系，明确产业分工和职能，实现资源和优势互补，有效解决城乡居民就业和收入增加。具体而言，在保障城市持续增长的同时，城市应考虑布局劳动密集型产业，如加工和服务业等，带动城市居民和进城务工农民广泛就业。农村依托城市产业和要素转移，大力发展现代农业，推进第一、第二、第三产融合，提升农村产业实力，着重解决农业空心化问题。相比而言，后者对于解决农村空心化问题更为迫切。

一、加快农业现代化发展

（一）构建农村新型产业体系

一是大力促进农业产业化。以市场需求为导向，立足自身比较优势，发展农业特色优势产业，积极引导农业企业向优势产区集中，完善农业社会化服务体系，建设农产品育种、收储、加工、物流和销售产业链体系，加强龙头企业、专业合作社和农户的合作经营，以产业化推动农业现代化。二是大力发展农村工业和服务业。促进农村工业和服务业产业化，构建三次产业连接紧密、统筹协调的现代产业体系，优化农村产业结构，合理配置城乡生产要素，拓展农业功能，增加农产品附加值，促进农村剩余劳动力就业，带动整个农村经济发展。三是加强农业组织管理。在土地流转过程中，积极构建"利益共享、风险共担"的新型农业经营组织体，以龙头企业为核心，以传统农户、专业大户和家庭农场为基础，以科技服务为手段，以专业合作社为纽带，通过把农业生产过程的产前、产中、产后诸环节联结成一个完整的产业系统，实现种养加产供销、农工贸一体的农业经营方式，推进适度规模经营，促进农业产业化、集约化发展。

（二）推进城乡产业融合

前文阐述了农村产业空心化，即农村产业矮化和空洞化是农村空心化形成的实质因素，推动农村产业由弱变强和由低变高是解决农村空心化问题的重要手段。所以，需要在城乡资源自由流动基础上，深入实施工业反哺农业、城市反哺农村，深化城乡分工合作，统筹城乡产业布局，实现城乡产业发展的良性互动和统筹协调加快城乡产业融合，构筑城乡产业一体化发展格局。一方面，以农村特色资源为依托，特色园区为载体，培育农村中小企业集群。重点发展现代农产品加工业，延伸农业加工产业链，积极扶持农业产业化龙头企业，增强农村经济发展活力和后劲。积极拓展农业功能，引导乡村旅游、生态农业和城市服务业的联结。另一方面，逐步引导城镇农产品加工等涉农劳动密集型产业向农村和农业生产基地转移集中，推进交通、通信、物流、保险、金融、信息和技术服务等行业与农村和农业结合。此外，充分借鉴现代化企业管理制度和运营模式，以工业理念发展农业，提高农村产业的生存和发展能力，提升农村产业结构，提高农产品加工水平，实现农业产业化和集群化发展。

（三）加快农村第三产业发展

重点发展与农业相关的交通、通信、物流、保险、金融、信息和技术服务等行业，加快发展农业机械、种子、农药、化肥、水利等专业化服务业，组建各种专业化服务公司或组织，为农户提供全方位服务，促进农业产业化经营。适当发展旅游、医疗保健、家政、信息咨询等新兴服务业，合理开发农村房地产，把房地产开发与旧城建设、县城环境建设等结合起来，加快项目推进，吸引大量的农村劳动力就近非农就业，增加农民的收入，同时形成一种良好的产业集聚效应，提高农村经济的发展活力。

（四）提升农业科技水平

整合完善农业科技资源，采取"县城有农业技术服务中心，镇政府驻地有农业技术服务站，农村社区有农业技术服务员"的"三位一体"的农业技术体系，推广现代农业技术，加快发展现代农业。一要根据"产权明晰，权责明确，政企分开，管理科学"的要求，对基础较好的农业生产企业实行股份制改造，通过改革使企业真正成为自主经营、自负盈亏、自我约束、自我发展、适应市场的法人实体和竞争主体，加大企业生产经营中的技术投入，加速农业科技成果的转化，在生产的过程中实现对广大农民工的培训和农业高新技术的大范围推广。二要坚持"民办、民管、民受益"的原则，壮大农民合作经济组织，凭借自身的技术和经验优势，组织农民开展技术交流、技术培训和技物结合等服务活动，使看得见、信得过、学得来的实用技术得到迅速有效地传播，示范和引导农民生产适销对路、技术含量较高的农业新品种，开展规模化生产，推动农业结构的调整和优化，促进农产品生产基地的建设和农业主导产业的形成，同时，鼓励大中专毕业生、大学生"村官"、农业科技人员到合作经济组织入股任职，对合作经济组织的负责人、生产技术人员和农业经纪人进行业务培训，组织外出交流学习，不断提高经营管理水平，尤其要深入推进科技兴农，不断提高农产品的科技含量，增加农产品的附加值。

（五）搭建农业社会化服务平台

重点是搭建人才支持、主体培训、融资服务、信息服务四个平台。在人才支持方面，整合科教资源，鼓励农业科研院所和大专院校专家到农村进行技术指导，开展"院企共建"等人才支持。在主体培训方面，开展以龙头企业、合作社和家庭农场经营管理、农业技术应用等为主要内容的培训，提高现代农业新型经营主体的经营管理能力。在融资服务方面，推动金融机构与新型农业经营主体建立融资合作长效机制，对新型农业经营主体统一核定授信额度，打包授信、分户使用、随用随借、按期归还。在信息服务方面，打造覆盖现代农业所有领域的综合信息服务平台，提供强农惠农政策、新技术应用、农产品供求、金融保险等信息服务。

二、推进农村土地制度改革

农村土地是农村集体经济和现代农业发展的基础。长期以来，我国城乡土地制度采取分类管理办法，也就是说城市土地所有权国家所有，农村土地所有权集体所有，农民享有自留地、宅基地的使用权以及承包耕地的经营权，城乡土地同质不同价，城市土地可以自由买卖，而农村土地则不能进入市场流转。党的十八届三中全会《中共中央关于全面深化改革若干重大问题的决定》指明了农村土地制度改革的总体方向和具体任务。2015 年 1 月，《关于农村土地征收、集体经营性建设用地入市、宅基地制度改革试点工作的意见》正式颁布实施，标志着我国农村土地制度改革进入试点阶段，农村土地征收、农村土地流转和农村土地收益分配制度等更加规范。

（一）完善土地征收制度

土地征收和农房拆迁以及补偿是个非常敏感的问题，关系到农民切身利益、干群关系和社会稳定。针对目前存在的频繁征地、征地范围过大，征地拆迁程序不够规范，任意性加大，以及征地拆迁农户利益补偿不够等问题，要严格落实耕地保护制度，严守耕地红线，严防基本农田非农化利用，控制建设用地规模。实地调研的江苏省苏州市在土地征收过程中，探索建立征收信息发布、土地征收目录和风险评估制度，严格界定公共利益用地范围，规范土地征收程序，健全矛盾纠纷调处机制，完善对被征地农民合理、规范和多元化保障。

（二）制定农村建设用地入市制度

推进建设用地市场化改革，逐步建立统筹城乡的建设用地流转市场。农村集体建设用地的使用要和集体利益相挂钩，赋予农村集体经营性建设用地出让、租赁、入股权能，完善集体用地的划拨、转让、出租、抵押使用权收益分配制度，保障集体和农民的利益。

（三）改革完善农村宅基地制度

改革宅基地审批制度，合理规划村庄建设用地，引导农民集中居住，探索进城落户农民宅基地自愿有偿退出或转让制度，大力推进农村土地整治，改善农业用地条件，推进土地规模化经营，提高集体土地利用效率。对因历史原因形成超标准占用宅基地和一户多宅等情况，探索实行有偿使用。

（四）土地增值收益分配制度改革

农村土地增值收益主要来源于两个方面，即土地转让和土地租赁收益。在我国，对于农村土地用于生产经营或商业开发，一般采取征收补偿的形式，农民在获得土地征收方一次补偿以后不再拥有其他任何权利。这种制度使得农民实际上失去最后的生活保障，严重伤害农民利益。所以，在保障经济社会发展土地需求的前提下，必须兼顾国家、集体、个人之间利益，建立兼顾国家、集体、个人的土地增值收益分配机制，合理提高农民个人收益。土地增值收益计算可以按照土地在商业开发和生产经营过程中资本比例，获取一定合理比例的利润分配。

三、大力发展农村集体经济

（一）明晰集体经济产权

我国农村集体经济的发展经历兴盛、衰退和复苏等不同阶段，而影响不同阶段集体经济发展的一个重要问题就是集体经济主体虚化和产权不明确。所以，发展集体经济，首当其冲的是要解决集体经济产权归属问题。一是将农村集体经济组织的产权落实到具体的集体经济组织成员，加快农村传统集体经济组织改造，促进其社会管理职能与经济管理职能的分离，建立农民股份合作社等新型农村集体经济组织，并使其成为农村集体经济的代理人。二是建立"归属清晰、权责明确、利益共享、保护严格、流转规范、监管有力"的村级集体经济组织产权制度，分阶段、有步骤地开展村级集体经济组织中的资产清查登记和成员劳龄计算界定等工作，以明晰集体资产产权，通过对原有集体资产的改造盘活，充分利用集体资产，鼓励村与村间的合作投资经营村，壮大村级集体经济实力。

（二）推进集体经济特色发展

相比较而言，农村集体经济规模小也比较脆弱，处于经济的最底层。发展集体经济一定要依托农村特色资源发展灵巧的特色经济。一要引导集体经济组织投资经营特色农业、高效农业、绿色农业，发展"一村一品"、"一乡一业"和专业村、特色镇、经济园等特色经济，鼓励一批有实力的龙头企业，采用混合经济模式，形成公司加农户、基地连农民和工厂带农户的经营组织模式，促进集体经济与农业产业化共同发展。二要进一步放宽市场准入，切实为集体经济发展创造一个"统一、公平、规范、有序"的竞争环境，拓宽集体经济发展空间，重点在于建立以集体经济为主要服务对象的信用体系，以及以实用人才为重点的农村人才队伍，切实解决集体经济资金困难和人才短缺问题，把有基础、有规模、有潜力的集体企业做大做强，解决农业产业化建设和农村剩余劳动力就业，以及带动农村富裕等问题。

四、提升农村经济扶持水平

（一）优化农村公共财政

一要继续深化财政管理体制改革。充分发挥财政在提高农村公共服务水平中的主导作用，涉农资金更多地向农业生产条件改善和公共服务领域倾斜，完善涉农财政资金转移支付政策，进一步加大转移支付力度，积极拓展财政服务领域和服务覆盖水平，增强基层政府提供公共服务的能力。二要推进农业补贴全面改革。自 2002 年开始，我国先后实施了农作物良种补贴（2002 年）、种粮农民直接补贴（2004 年）和农资综合补贴三项补贴政策，对于促进粮食生产和农民增收、推动农业农村发展发挥了积极的作用。但目前农业农村形势发生深刻变化，真正从事农业生产的农民并不多，而从事农业生产的专业大户和家庭农场并未获得流转土地的相应补贴，农业"三项补贴"政策效应大大降低，迫切需要调整完善。调整的重点在于增强农业"三项补贴"的指向性、精准性和实效性，加大对粮食适度规模经营支持力度，提高农业"三项补贴"政策效能。三要建立农村资金回流机制。积极发挥财税政策调节农村经济的杠杆作用，落实"多予、少取、放活"的方针，对政府支农资金、物资、补贴要做到专款专用，改革支农资金多头管理的局面，通过财税政策引导金融资源和服务，实现市场主导与政府扶持相结合、财税与金融相结合，建立支农惠农长效机制。

（二）完善农村金融服务

一是优化农村金融布局。采取"县城有大中型商业性、政策性金融机构和资本市场，镇政府驻地有地方性商业银行和农村信用社，农村社区有信用社网点和资金互助合作社"的"三位一体"的金融机构布局路径，统筹发展合作性金融、商业性金融、政策性金融，扶持各类民间金融组织，形成功能互补、结构完善的城乡金融体系，盘活农村分散的富余资金，使城乡资金实现自由流动和合理集聚，促进城乡经济统筹发展。二是完善农村中小金融体系。稳步开放农村金融市场，放宽农村金融资本准入退出，扶持各类新型农村金融组织和金融机构，规范本地商业银行、中小村镇银行的农村农业金融政策，把金融资源切实用到农村农业发展上面来，鼓励发展适合本地特点和需要的多样化微型金融服务，重点培育农村"内生"金融组织上来，鼓励发展农村合作金融，创新"龙头企业 + 农户"、"基地 + 农户"的农村信贷担保模式，规范发展资金互助合作组织，积极引导专业合作社开展信用合作。三是积极发挥村镇银行作用。我国村镇银行是"草根银行"，是民间资本支持小微企业和农业发展的生力军，对于化解银行经营风险、优化股权结构和完善治理机制等有一定的促进作用。但我国村镇银行存在规模小、管理不规范以及经营风险较大的问题，所以必须加强对村镇银行的支持和监管，使村镇银行持续健康发展，把支持农村经济发展落到实处。

五、加强农村人才队伍建设

（一）抓好新型农民培养

有文化、懂技术和会经营的新型农民是现代农业发展的核心力量，也是农村空心化治理的重要依托。要大力发展农民培训和职业教育，重点培养家庭农场（种养大户）、农民专业合作社、农业产业化龙头企业等新型经营主体，建设适应现代农业发展需要的实用人才队伍；开展农民创业和农村实用人才带头人培训，以外出务工返乡青年、种养大户、农机大户、合作社高级管理人员和有志于在农村创业的大中专毕业生为重点对象，以创业理念、创业技巧、创业政策、经营管理、市场营销、企业发展等为主要内容，加快培养一大批农村创业人和农业种养大户，在促进返乡农民工多渠道、多形式就业创业的同时，辐射带动农民增收致富，推动农业生产发展，提升农村经济发展水平。

（二）推进农村基础教育

今后一段时间内，加强农村基础教育仍将是提高农民文化素质水平、开发农业人力资源的主要举措。深入贯彻落实国家基础教育工作，改革文化教育制度，巩固农村九年义务教育制度，有条件逐步开展十二年义务教育，积极发展职业教育和技能培训，全面扫除成人文盲，提升农民职业素养，培养农村实用人才。

（三）加快实用人才引进

树立不拘一格培养和引进人才的观念，打破地域、身份、年龄等诸多限制，把那些在经济建设上有专长、有建树、能够产生积极影响的人都纳入培养和引进范围，使其更好地为农村经济建设服务。同时树立按市场规律办事的观念，主动参与市场经济人才竞争，创新政府扶持、社会保障、项目支撑、资金服务、土地流转、人才选拔等各方面的制度，吸引优秀人才为农业农村服务，鼓励创新意识强、职业技能高的职业教育人才进农村，培育农村大学生创业园，孵化创新项目，探索建立大学生创业基金的金融帮扶制度，积极推进农业新型经营主体的年轻化、职业化。同时要创新留人机制，建立一套合理的农村人才收入分配机制，将长期激励和短期激励结合起来，构筑人才引进制度的长效性。

第三节　安徽省农业产业化联合体实践探索

安徽省是传统的农业大省，农业人口比例较大，也是我国典型的农业人口大量流动的几个主要省份之一，也是项目重点研究的省份。据国家统计局安徽调查总队农民工监测调查测算，2014 年安徽省农民工总量达 1850.2 万人，同比增长 3.8%。其中，外出农民工为 1320.3 万人，同比增长 2.5%；本地农民工为 529.9 万人，同比增长 7%。随着农村人口的不断转移，安徽省域和县域层面的农村空心化非常严重。为了实现农业现代化，也为解决农业增效和农民增收，以及保障优质农产品的有效供给，安徽省在农业产业化过程中做了有益探索。其中，关于现代农业组织创新，即构建现代农业产业化联合体，对于发展现代农业，促进就近城镇化，有效解决农村空心化问题有一定的借鉴价值。

一、现代农业产业化联合体的内涵和特征

现代农业产业化联合体起源于安徽省宿州市埇桥区从 2009 年开始的现代农业经营组织模式探索，是以促进农业增效、农民增收为目标，以同一产业品牌为市场导向，建立以龙头企业为核心、专业大户和家庭农场为基础、专业合作社为纽带，以契约形成要素、产业、利益的紧密连接，集生产、加工、服务为一体化的新型农业经营组织的联盟。与以前的农业经济合作相比，现代农业产业化联合体真正实现了产业、要素和利益三个方面链接。

（一）实现产业链接

实现产业链接是发展现代农业产业联合体的根本。在传统农业生产经营中，农业与第二、第三产业之间脱节的问题正日益凸显，传统农业生产效率

低下，产品附加值偏低。为了提升农业发展质量，促进农民增收，应该着力发展现代农业。在稳步发展农业生产环节的基础上，现代农业产业联合体注重农产品加工以及农业服务环节，实现农业与第二、第三产业有效链接，农产品流通、良种、农资等领域日益成为现代农业产业链的主导者，成为农业产业链价值增值的主要源泉。

（二）实现要素链接

现代农业产业联合体内各经营主体通过签订生产服务合同、协议，确立农产品、农业生产资料的买卖关系和农机作业服务的买卖关系；农业企业在向家庭农场提供农业生产资料的过程中，先垫付资金，待收购农产品时扣除，解决了家庭农场资金不足的问题，同时也有效防止了农户违约的风险；各经营主体通过充分发挥各自优势，取长补短，农业龙头企业发挥自身的资金优势，农民专业合作社充分发挥组织服务优势，家庭农场充分发挥生产优势。要素的链接使得联合体内各经营主体的经营活动捆绑在一起，是现代农业产业联合体形成紧密联结的重要保障。

（三）实现利益链接

在联合体内部，龙头企业通过规模采购农业生产资料并向家庭农场供应，获取差额利润；通过设立生产标准，指导监督家庭农场生产，获得安全可靠的农产品；通过规模生产带来的产量提升以及产品质量的提高所获得品牌价值收益而获得较高的利润。农民专业合作社向家庭农场提供技术服务和作业服务，可以获得稳定的服务面积和集中连片的服务环境，从而使经营收入更有保障。家庭农场通过使用新技术、新设备提高劳动生产率增加效益；通过和龙头企业签订订单，从龙头企业那里获得低于市场价的农业生产资料和高于市场价出售农产品，既不用承担市场风险，又能获得更大的收益，各经营主体实现了共赢。因此，实现联合体内各经营主体间的利益联结是发展现代农业产业联合体的核心。

二、现代农业产业化联合体的作用

目前，安徽全省土地流转耕地面积 2658.7 万亩，耕地流转率达 42.5%，农民合作社 57760 个，家庭农场 24846 个，规模以上农产品加工企业 5764 家，各类农业服务组织超过 2 万个，现代农业产业化联合体发展态势良好。现代农业产业化联合体的发展解决了农业投入不足、效益不高等问题，促进农业增效、农民增收和"三农问题"有效化解。

（一）促进工商资本对接，增加农业投入

目前，资金短缺是现代农业发展的难题之一，多数专业大户、家庭农场、合作社和中小型农业企业由于缺乏有效的担保抵押物，加上申请手续繁杂、隐性交易费用高等问题，很难从正规金融获得信贷支持，而小额信贷等扶持性贷款规模又较小，远不能满足其资金需求，严重限制了其发展壮大。现代农业产业化联合体一般是以生产型或服务型大型企业为龙头企业，由龙头企业向整个联合体提供资金和技术等支持，很好地解决了农业投入不足问题。据调查，安徽省的现代农业产业联合体资本投入的 40% 以上来自工商资本。

（二）推进三产深度融合，提高农业效益

现代农业产业化联合体实现了农业产业基础上第一、第二、第三产业深度融合，拓展了现代农业的产业链和价值链，促使农业效益提升的全过程有机统一。首先是现代农业与工业的结合，促进农副产品精深加工发展，提高农副产品的附加值；其次是挖掘现代农业休闲观光体验价值，发挥现代农业综合功能，发展休闲观光农业，促进了经济效益和生态效益的双提升。

（三）增加从业人员收入，提升农业吸引力

龙头企业通过品牌化销售，延长产业链条，提高了农产品附加值；通过规模采购农业生产资料并以低于市场的价格向家庭农场供应，既获取了差额利润又降低了家庭农场的生产成本；农民专业合作社向家庭农场提供技术服务和作业服务，可以获得稳定的服务面积和集中连片的服务环境，从而使经营收入更有保障；家庭农场（专业大户）收入稳步增加，收入方式多元化；农户把土地流转出去，不仅可以获得稳定的租金收入，而且通过田间管理、作业服务等，还能获得数额可观的工资性收入。现代农业不断壮大，从业人

员收入不断增加，吸引更多农业人口扎根农村，从事农业生产经营。

（四）改善生态环境，增强农村承载力

绝大多数联合体以科技型龙头企业为核心，通过发展循环经济，使污染物排放量大幅下降；通过联合体的发展，村庄里污染严重的小型加工企业逐渐关闭，或被联合体整合，污染源数量逐渐减少。村容村貌和人居环境的极大改善，增强了现代农村的综合承载力，极大地促进就地城镇化。

此外，安徽省是外出务工人员大省，现代农业产业化联合体促进农村富余劳动力就近就业和创业，解决了留守老人、妇女和儿童等重大社会问题，有利于基层社会稳定团结。

三、促进现代农业产业联合体的政策措施

相对于农业现代化建设需求而言，现代农业产业联合体发展中存在着规模小、管理不规范和综合竞争能力弱等问题，需要政府加以指导扶持。

（一）保障用地需要

一是规范土地流转。稳步推进土地确权登记颁证工作，明晰农用地产权，让承包农户放心流转。通过搭建土地流转平台，规范土地流转程序，引入事前准入审核、事中监督管理等机制，确保土地流转和规模经营的持续性、有效性及稳定性。进一步完善土地流转纠纷仲裁、调解机制，及时、公正地解决各类土地流转纠纷，维护流转双方的合法权益。建立和完善土地流转保证金制度和土地流转风险基金制度，防范经营风险。二是落实设施农用地政策。建议加大对国土资源部、农业部《关于完善设施农用地管理有关问题的通知》（国土资发〔2010〕155号）等的落实力度，出台专门的关于设施农用地管理的实施细则。对联合体的龙头企业、合作社、家庭农场等成员因生产需要建造简易仓（机）库、生产、管理用房和农产品临时性收购库房等农业生产配套设施的，按生产面积的一定比例配套设施农用地，尽量选择闲置集体建设用地，提高集体建设用地的使用效率。地方政府在修订土地利用总体规划时，也要充分考虑到农业长远发展带来的设施农用地需求。

三是协调解决建设用地指标。为了促进现代农业的发展，建议每年安排一定比例的新增建设用地指标用于联合体各类经营主体发展设施农业的非农建设项目。对引领联合体发展的龙头企业所需的建设用地，应优先安排、优先审批，按规定享受土地规费相关优惠政策。

（二）加大财政投入

一是设立专项资金。建议省级财政设立扶持现代农业产业联合体发展专项资金，重点支持形成紧密利益联结机制、互利互惠、抱团发展的龙头企业、家庭农场和合作社。二是加大项目支持。农业综合开发、土地整治、高标准农田建设、中低产田改造、农田水利设施建设等农业项目，建议优先安排联合体各类经营主体来实施，特别是在农田上实施灌溉排水、土壤改良、道路整治、机耕道、电力配套等基础设施建设，可以逐步改善农业生产条件和生态环境，提高农业综合生产能力。三是整合涉农资金。积极整合农业综合开发、现代农业发展、农业产业化扶贫贴息等涉农专项资金，采取直接补助、以奖代补、贷款贴息等方式，集中扶持联合体各类经营主体发展。对联合体的龙头企业用于扩大生产规模固定资产投入的当年新增贷款余额，给予一定的财政贴息。对联合体从事标准化种植、设施农业、养殖、特色种植等产业的家庭农场，流转土地达到一定规模的，给予财政奖补。联合体成员购置各类农业机械优先享受农机购置补贴。四是落实税费优惠政策。各级政府应全面落实农业产业化龙头企业、农民专业合作组织的税费扶持优惠政策。联合体所属家庭农场销售自有农产品、农民合作社销售本社成员生产的农产品免征增值税。家庭农场从事农业所得，依据现行税法规定，减征或免征所得税。联合体的龙头企业从事种植、养殖业生产经营所得，享受企业所得税优惠。对联合体成员从事种养业项目和初加工的用水用电方面给予政策倾斜。

（三）创新金融服务

一是建设信用体系。加快推动以联合体信息采集和信用评级为切入点的信用体系建设，依据信用评价结果，鼓励金融机构向联合体及其成员发放无担保或者无抵押贷款。推动金融机构与联合体建立融资协作长效机制，对联合体统一核定授信额度、打包授信、分户使用、随用随借、按期归还，逐年增加对联合体各类经营主体的授信额度。二是推进金融创新。围绕联合体各类经营主体存在的资金困难，建议金融机构有针对性地积极创新金融产品和服务方式，开展权属清晰、风险可控的大型农业机械设备、土地经营权等抵押贷款，适当提高抵押率。扩大有效担保物范围，开展股权、林权、保单等质押担保，凡不违反法律规定、财产权益归属清晰、风险能够有效控制的联合体的各类动产和不动产，都可用于贷款抵押或担保。鼓励龙头企业为家庭农场、专业大户的生产性贷款提供担保，或由企业承贷、联合体内成员单位及农户使用。合理确定贷款期限、利率和偿还方式，简化贷款手续。探索建立资金互助组、资金互助社、小额贷款和担保公司等本土金融组织。三是加强农业保险服务。政策性农业保险应提标扩面，对联合体内的家庭农场、合作社经营的主营产品，积极争取纳入政策性农业保险范围，享受各级财政保费补贴；加大保费补贴力度，提高农业保险保障水平，增强联合体的抗自然风险的能力。鼓励发展多种形式的农业保险，引导联合体成员开展互助合作保险和综合性保险，积极发展特色农产品保险。探索建立政府支持的农业巨灾风险补偿基金，健全完善相关权益机制，逐步建立农业巨灾风险分散机制。

（四）加强人才支持

一是强化人才支持。鼓励农业科研院所和大专院校专家到联合体进行技术指导，建立实训、研发基地，开展"院企共建"。建议农业、科技等相关部门安排专业技术人员与联合体结对帮扶，抽调专业技术干部到联合体所在乡镇或联合体内挂职锻炼，优先安排大学生到联合体所在行政村任"村官"，具体指导服务联合体建设。二是整合培训资源。整合农业、教育、人社等部门及社会各类教育资源，针对联合体的经营管理、技术人员和职业农民，开展以龙头企业、合作社和家庭农场经营管理、农业技术应用等为主要内容的技能培训。同时纳入新型农民培训、就业技能培训、雨露计划培训等补助范围，提高联合体成员参与培训的积极性。优先安排联合体经营管理和生产服务人员到外地考察学习，组织业务骨干到科研院所进修，提高经营管理水平。三是加强职业农民培养。制定中长期职业农民培养规划，探索建立职业农民资格认定办法、农业行业准入制度。针对返乡农民工、复转军人、农村能人以及未能继续升学的初高中毕业生等，大力发展农业职业教育，组织多种形式农业技术培训，培养有知识、有技能、热爱农村的现代职业农民，为联合体的发展提供良好的人力支撑，为农业生产积累人才。

（五）优化产品服务

一是建立农业信息化服务体系。依托整合现有农业信息资源，打造涵盖联合体所在区域的综合信息服务平台，建立信息资源采集、整理和定期发布制度，将支农惠农政策、新技术新品种应用、农产品供求等信息集中纳入信息服务内容。支持信息网络硬件建设，对联合体家庭农场、合作社的信息设备购置给予财政补贴。二是强化品牌建设。积极引导联合体的龙头企业大力推进农产品加工标准化生产，建立农产品质量安全的全程控制和可追溯制度，健全投入品登记使用管理制度和生产操作规程，保障农产品质量安全。鼓励农业龙头企业制定企业产品品牌培育规划，突出"有机""生态""原产地"等特色。鼓励企业申报"三品"认证及原产地标记、地理标志，引导企业强化质量管理，培育一批产品竞争力强、市场占有率高、影响范围广的知名品牌。三是实施商标战略。全面提高联合体成员商标注册、培育、运用、保护和管理能力，不断提升品牌竞争力。鼓励龙头企业进行农产品包装设计更新升级，采取定量包装、标识标志、商品条码等措施加速产品标准化，提升本地农产品整体形象，促进本地农产品销售，提高农产品附加值。四是创新营销手段。鼓励联合体运用信息技术和现代营销手段，发展网上交易、电子商务，建立网上销售平台，组织其成员利用网络进行网上直销。同时加快发展连锁经营、物流配送等形式，促进农产品流通销售。

（六）强化工作指导

一是加强组织领导。各级政府和有关部门应把发展现代农业产业联合体作为构建新型农业经营体系、推动农业产业化转型升级的重要抓手，切实加强组织领导。应建立健全推动联合体发展的工作机制，强化协作，配强队伍，落实经费，细化措施，将农业产业化龙头企业、农民合作社和家庭农场的相关指标作为农业农村工作考核的重要内容，切实为发展现代农业产业联合体提供有力的组织保障。二是健全考核奖惩制度。各级政府和有关部门应将现代农业产业联合体建设和发展情况列入农业农村工作考核内容，制定考核办法，对在指导、扶持和服务联合体发展工作中做出显著成绩的单位和个人，给予表彰奖励。三是完善认定体系。在总结经验的基础上，针对存在的共性问题，在运行模式、利益联结机制方面积极指导和引导，最大限度地发挥好联合经营的优势。建议农业部门建立联合体认定管理制度，区别不同产业、不同类型，制定相应标准，完善认定体系。

第四节　本章小结

本章主要从城乡经济统筹的角度来说明我国农村空心化的治理。城乡经济统筹作为城乡统筹的基础，是治理农村空心化问题的根本出路，以实现城乡要素完全自由流动、实现农业增产增效、实现城乡产业融合和实现农民增收为具体目标，统筹城乡经济、社会、文化等社会经济事业的全面协调发展，资源向农村倾斜，把解决"三农"问题放在优先位置，支持农业发展，以工业化、城镇化带动农业产业化，增加农民收入，提升农业生产效率，形成"以城带乡，以乡促城"协调发展的格局。通过加快农业产业化发展、完善农村配套基础设施、加强农村人才队伍建设和大力发展县域经济等路径和模式来解决城乡二元经济结构，促进城乡经济统筹。

通过分析安徽省现代农业产业化联合体实践，可以发现这种基于现代农业的城乡经济统筹创新举措符合中央文件精神和实践需求，对提高农民组织化程度、增加农民收入、加快农业产业化、增强农业综合竞争力、保障优质农产品供给等都具有重要的现实意义。因此，积极引导和发展壮大现代农业产业化联合体是关乎农业、农村、农民的系统工程，是推动农业产业化的有效手段与力量，是破解农村空心化和实现城乡经济统筹的有益探索。

第七章

我国农村空心化的治理

——城乡社会统筹

第一节 城乡社会统筹的目标

城乡社会统筹是指城乡就业、教育、医疗卫生、社会保障、文化教育和组织管理等方面的统筹，旨在破解城乡社会二元结构，改变城乡居民权利与义务之间的不平等关系，实现城乡社会发展一体化，让农村居民享受到与城镇居民均等的社会公共服务。从空间布局上说，城乡社会统筹要做到城乡良性互动、从社会管理上要逐步实现城乡平等，从公共服务供给上要逐步实现均等化。城乡社会统筹是一项系统工程，涉及各方利益，在推进过程中要始终坚持政府规划引导、市场推进和农民主动参与的原则，始终把农村、农民的利益摆在重要位置。推进城乡社会统筹，通过农村户籍制度改革、土地流转、教育均衡化、精准扶贫和完善社会保障制度等系列配套政策，消除农村的人口空心化、文化空心化和管理空心化，从而达到进城农民留得下、农村农民留得住、基层组织健全有效和社会主旋律发扬光大的目标，是解决农村空心化问题的重要保障。

一、城乡居民充分就业

城乡社会统筹的重点和基础就是实现城乡一体化就业制度下城乡充分就

业。2013 年 9 月，李克强总理在出席夏季达沃斯论坛第七届年会时，首次提出对于我国政府来说，发展的目的是为了保障和改善民生，而最大的民生就是就业。一是实现城乡公平就业。要建成城乡一体化就业制度，实施统一的就业政策，无论是城镇居民，还是农村居民，都一视同仁，使城乡居民获得公正平等的就业机会。二是保障进城务工人员充分就业。相比城镇居民就业来说，进城务工农民规模大，素质技能相对较弱，在城镇就业难度大、层次低，收入水平较低，就业岗位不稳定，所以是就业制度设计应考虑的重点群体。城市政府应在发展经济和增加就业渠道的基础上，有步骤、有重点加强进城务工人员专业技能培训，有导向和目的引导支持农民工就业，改善他们的生活环境，保障合法劳动收入权利。三是促进农业就业人员稳定就业。城镇化在解决有能力和意愿进城务工人员的安置问题，不愿意、能力低和从事农业生产或农村创业的一些农村剩余人员仍旧居住在农村，也需要解决就业问题。现代农业的发展需要大量有知识、有意愿和稳定的劳动力资源，所以，大力发展现代农业，推进第一、第二、第三产融合发展，提高农业收入水平，增强农业就业吸引力，对于促进农业就业人员稳定就业非常关键。此外，通过农村环境综合整治，改善农村生产生活环境，增强农村人口承载能力和吸纳能力也是非常重要的。

二、城乡均等化教育

福利经济学家在阐述效率和公平的关系时认为，机会均等是效率增进和促进公平的有效手段。教育作为"起跑线"上资源，更应突出资源均衡配置，促进教育机会均等。教育公平是社会公平在教育领域的拓展延伸和具体体现，其最基本的内涵是实现城乡一体化教育公平，本质就是实现教育机会均等。我国教育工作者普遍认为，正是城乡教育机会不均等，使得农村孩子输在起跑线上，导致了落后和贫困的恶性循环。目前，我国教育机会不均等主要表现在学生教育资源配置不均等、入学机会不均等和学业成功机会不均等三个方面。根据实际调研的资料分析，外出务工农民和留守农民一样，普遍缺乏教育，一方面，由于教育机会较少；另一方面，学习能力普遍较弱。此外，农村大学生就学贵和就业难的局面难以在短时间内解决，使得教育无用论观点泛滥。国务院总理李克强在党的十二届全国人大二次会议政府工作报告中明确指出，促进教育事业优先发展和公平发展。就城乡均等化教育来说，就是实现城乡无差别的教育资源配置均等、入学机会均等和学业成功机会均等，让城乡接受无地域和职业差别的均等教育，促进城乡就业均等和收入均等。

三、城乡一体化医疗卫生

目前，在我国许多农村，尤其是欠发达地区和偏远地区的农村，"看病难、看病贵"的现象比较普遍，因病致贫、因病返贫仍旧存在，所以，农村居民生病后无法求医或不愿意求医。其原因在于一方面，农民本身收入水平较低，面对高额医药费望而却步；另一方面，农村医疗资源少、医疗条件差，农民求医问药，只能选择舍近求远，去临近的城市或医疗资源丰富的地区，形成了农村医院"吃不饱"和城市医院"一号难求"的巨大反差，造成农村仅有医疗资源浪费和城乡医疗资源配置不均衡加剧。通过城乡一体化医疗卫生体制设计，保障城乡居民享受到同等的医疗卫生服务。其重要目标在于两个方面：一是城乡卫生医疗资源配置均衡化，包括基础设施、医护人员和医疗器械等方面，根据居住人口规模，合理确定相应的配置，保障居民就近享受便利的基本医疗；二是建立医疗分级诊治支持制度，确保患有重病、大病和疑难杂症的居民，尤其是城镇低收入阶层和农村居民，能享受医疗水平较高的城镇医疗。

四、城乡一体化社会保障

城乡一体化社会保障包括基本医疗、基本养老、最低生活保障和社会救助等方面，城乡实现一体化设计和管理。具体来说，主要包括五个方面：一是城乡实现统一的社会保障制度，包括医疗保险、养老保险和最低生活保障的财政补贴部分和保险人享受保险额度等在内都是统一的；二是医疗保险、养老保险和最低生活保障，可以跨区域流转，城乡居民无论何时、何地，都能享受缴费地统一服务；三是重点关注城乡失独人员和五保人员的生活保障，对于年老失去劳动能力的残障人员，财政应全额兜底；四是实施城乡一体的商业保险，适当增加商业保险补贴，促进慈善事业向困难群体生活倾斜；五是城乡实现统一廉租房、公租房，以及住房公积金制度，城镇居民的住房得到有效保障，农村危房得到很好的改造修缮加固。

五、城乡一体化文化管理

城乡一体化文化包括：城乡文化资源实行统一配置，根据生产生活需要，建设不同规模和数量的图书馆、博物馆和社区文化站，配置满足不同需要的图书资料；继续开展城镇文化下乡工作，宣扬社会主义价值观，促进主流文化占领农村；统筹谋划城乡文化资源产业化，开发以传统文化和乡村文化为核心的文化旅游产业，使乡土、乡音、乡情、乡愁成为城乡文化建设的宝贵资源。城乡社会统筹需要实现城乡管理一体化，促进农民的思想觉悟和道德素质显著提升，民主法治观念增强，能够自觉抵制封建残余和各种腐朽思想的侵蚀；农村基层组织社会管理、服务群众的能力和水平不断提升，村民自治权力回归，农民的民主意识和政治追求得到满足，能够独立行使其自主权，农村社会稳定和谐。通过推动城乡之间各项社会事业的一体化发展，实现城乡居民公共服务均等化，使农村居民生活得到进一步改善，让农民愿意留在农村生活，并保证留在农村生活的农民能够过上有质量的生活，农业转移人口能够有序实现市民化。

第二节　城乡社会统筹的路径和模式

一、推进户籍制度改革

以宽严适度、分级承接为原则，积极稳妥地推进户籍制度改革，科学有效地设定城镇户籍准入条件，积极引导符合条件的农业转移人口在城镇落户，稳步推进城镇基本公共服务向常住人口覆盖，促进农业转移人口特别是新生代农业转移人口有效融入城镇。全面贯彻落实统一的户口登记制度，消除城乡歧视，盘活人口在城市和农村之间的合理流动。加快完善居住证制度，建立健全与居住年限挂钩的基本公共服务提供机制，解决已在城镇就业居住但未在城镇落户的农业转移人口在养老、住房、教育、就业等方面的困难。建立并完善积分落户制度，根据城镇经济社会发展水平和实际承载能力确定考核指标，合理设置积分分值，实现落户条件和过程透明化。把农业转移人口及随迁子女纳入城镇教育发展规划，设立财政专项资金为其拨付教育经费；各地根据实际情况合理确定随迁子女入学政策，保障他们享有平等的受教育权利。完善农村宅基地管理制度，控制宅基地房屋建设强度，建立宅基地有偿使用、有偿退出机制和农村房屋产权流转、交易、处置机制，设立财政专项资金，对于进城落户的农民，在充分尊重农民意愿的前提下，给予退出土地承包经营权和宅基地使用权的农民相应的补偿。政府切实保障农村居民落户城镇后，享受与当地城镇居民在社会保障、就业、子女教育等方面的同等权利，农业转移人口的职业技能培训和创业扶持力度不断强化，农业转移人口实现有序就业。

二、完善就业和社会保障

一是促进城乡广泛就业。实行持续稳定的经济增长，保障城乡居民充分就业；调整经济结构，大力发展服务业，提高城乡就业率；积极开展职业教育培训，提高城乡人员的就业技能；促进就业的社会公正，保障城乡就业的机会公平。

二是完善城乡社会保障。全面建立以社会保险、社会救助、社会福利为基础，以基本养老、基本医疗、最低生活保障制度为重点，集慈善事业、商业保险、社会保险于一体的覆盖城乡的社会保障制度。进一步健全城乡社会保障体系，逐步提高农村社会养老保险标准，实施城乡一体的最低生活保障，彻底消除城乡贫困人口的后顾之忧。科学合理制定基本医疗保险，初步形成多层次的医疗保障体系和覆盖城乡的医疗保险制度，减少医疗保险制度限制条款，提高医药报销比例，使城乡居民真正受益。进一步扩大城乡居民大病保险覆盖面，全面推行居民医保账户门诊城乡统筹，有效降低城乡居民医疗负担，防止因病致贫和因病返贫现象再次发生。逐步完善社会保险、社会福利、残疾人权益等相关法律法规，稳步推进社会救助体系建设，实现社会救助标准和物价上涨挂钩联动，减轻物价变动对城乡困难群体的影响。逐步推进城乡居民参保登记和基本养老保险基金统一管理，全面实现基金管理科学合法化。

三、推动教育均衡化发展

强化农村基础教育，调整教育资源布局，加大农村中小学基础设施建设力度，大力改善农村办学条件。全面贯彻落实九年义务教育，积极推进十二年义务教育，降低基础教育辍学率，消除农村儿童辍学现象；统筹城乡学前教育，统一规划、科学布局幼儿园，鼓励引导社会力量进行幼儿园标准化建设和乡镇中心幼儿园建设，推动学前教育纳入新农村规划，实现每个乡镇拥有一所示范性幼儿园。强化幼儿教师选拔培养制度，推动城乡优秀幼儿教师交流和岗位轮换，安排城镇优秀幼儿教师下乡挂职、支教，积极推进幼儿教师工作编制纳入事业编制。全面加强师资队伍建设和教师素质、技能培训，尤其要大力强化农村教师技能培训，积极开展名师送教下乡活动，推动优质教育资源向农村延伸，逐步缩小城乡教育差距。依法保障农村教育经费投入，建立以政府为引导、社会为主体的教育投入机制，积极推动农村教育投融资体制创新和教育投入向农村倾斜，鼓励引导社会力量筹办学校，逐步实现教育资源供给多样化和教育投入多元化。

四、实施主流文化战略

借助党报党刊影响农村党员干部、致富带头人、老教师等农村核心人群，通过核心人群传播党和政府的主流文化，引导和带动整个村庄的文化生态建设，倡导社会主义价值观和主流文化。大力弘扬农村优秀传统文化，以"三下乡"活动为载体，广泛开展各类文化创建主题实践活动，推进"全民阅读"和"政策解读"进农村社区，充分发挥先进文化的熏陶功能，引导农民改变传统生活方式，提升农民思想道德素质，培养农民群众的民主法治观念，提高农民群众自觉抵制封建文化残留和各种腐朽思想的能力，积极破除陈规陋习，形成健康向上的精神面貌。因地制宜地统筹城乡文化发展，对那些居住分散、基础设施条件较差、农业生产力低下、文化底蕴匮乏的村落，应该按照城乡一体化科学布局，适度实施村庄集约化建设；对那些具有一定历史底蕴、民俗传统、农耕文化的村落，必须重点保留，让乡村遗产得以传承。加强乡镇文化站的配套基础设施建设，扎实推进互联网和文化传播"最后一公里"工程，提升农村居民休闲娱乐文化的种类和品位，完善农家书屋、健身器材和休闲场地建设，让它们真正为农民所用，促进城乡精神文化建设协调发展。关注农村"三留"人员的生活状况，建立动态的"三留"人员信息库，确保管理责任到村、到人，提供基本生活、基本生产和生命财产安全保障，关心农村留守人员的心理健康，构建和谐稳定的新农村。

五、重塑村民自治制度

重塑村民自治制度，重视基层群众性自治组织村委会法定职权和自治功能，尊重村民的主体地位，使其真正实现自我管理、自我教育和自我服务，严厉打击任何企图扰乱村民自治的行为，在村委会选举中，对贿选、捣乱会场等违法行为进行严肃惩处。加强对农民的思想教育和宣传力度，引导农民主动参与城乡社会事业建设，充分尊重农民的意愿，激发他们的自信心和主动性。对于农村基础设施建设、村居环境提升等，都应当从农民的实际需要出发，按照一事一议的民主议事制度来办。主动适应村民自治条件下开展农村工作的新形势、新情况，实现村党组织领导方式和工作方法的与时俱进，有效领导和有力推动村民自治、农村政治文明和农村经济社会的全面、协调、可持续发展。推进政府职能整合，将相邻的村按照相似性进行适度合并，精减人员和机构，实现资源共享，进一步减轻村级财政负担。通过召开村民会议公开选举村委会主任和村党支部书记，使其在村民自治的框架内为民服务。根据农民意愿成立农业协会等农村经济组织，建立其与地方政府平等协商的对话机制，健全人民民主监督制度，提高农村基层民主的层次。推进基层管理职业化改革，提高农村基层管理人员收入水平和保障水平，保障基层管理人员队伍基本稳定，促进农村基层管理的规范化和高效。

六、实施农村人才战略

大力培育家庭农场、农业合作社和龙头企业等新型农业经营主体，强化对新型农业经营主体带头人的技能培训，通过给予他们优先流转土地和享受国家种粮补贴的权利，提高他们参与培训的积极性。加强职业农民培养，制定中长期职业农民培养计划，探索建立职业农民资格认定办法、农业行业准入制度和新型职业农民扶持政策体系，推行职业农民认证，实现农民持证上岗。针对返乡农民工、复转军人、农村能人以及未能继续升学的初高中毕业生等，大力发展农业职业教育，组织多种形式农业技术培训，培养有知识、有技能、了解"三农"、热爱"三农"的现代职业农民，为现代农业的发展提供良好的人力支撑。鼓励农业科研院所和大专院校专家到农村进行技术指导，建立实训、研发基地，加大政府补贴和项目扶持力度，完善社会保障体系，加快职称评定，积极引导高素质人才和专业技术人员投身农业发展。建立农村劳动力转移服务平台，对农民外出就业进行指导，提高其就业技能，探索订单式劳务输出机制，根据企业用工需要对农民进行专门的技能培训，输出高素质劳动力，提高农民在城镇稳定就业的能力，增加其工资性收入。拓展农民就业信息获取渠道，让农民及时了解市场信息，方便农村劳动力转移。

七、实施精准扶贫方略

早在 2013 年 11 月，习近平总书记到湖南湘西考察时，做出了"实事求是、因地制宜、分类指导、精准扶贫"的重要指示，首次提出精准扶贫重要思想。2015 年 10 月，习近平总书记在"2015 减贫与发展高层论坛"上强调，我国扶贫攻坚工作必须实施精准扶贫方略，并明确了精准扶贫指导思想，即"五个坚持、六个精准、五个一批"。我国目前有 7000 多万贫困人口，这些贫困人口大多数住在农村，所以脱贫攻坚无疑是"十三五"期间我国重大民生工程。彻底实现脱贫就得改变被动状态，真正实现精准帮扶，彻底改变目前单一的救济式扶贫，如低息无息信贷、财政转移支付、专项补贴等扶贫模式，推进精准扶贫模式创新，如采取产业扶贫（外引内增等）、基础设施建设扶贫（交通、水利、能源、通信网络、智慧城镇建设、智慧农村建设等）、教育扶贫（教育投入、教育资源均衡化、职业培训等）、科技扶贫（农林技术推广、生态产品开发、科技服务平台等）、文化扶贫（文化资源综合开发利用、文化产业、文化传播与继承等）、生态扶贫（生态环境保护修复、生态补偿机制等）、人才扶贫（高等教育专项计划－贫困计划、农村专项计划等、筑巢引凤工程、凤还巢工程等），让贫困地区有自己"造血"的能力，确保贫困人口到2020年如期脱贫。

第三节　成都市城乡社会统筹实践探索

一、成都市城乡社会统筹的基本概况

成都是四川省省会，人多地少，是一个典型的大城市带大农村的格局，城乡经济发展差距大，二元结构突出。为了尽快打破城乡二元结构，彻底解决"三农"问题，加快推进城市化进程和区域协调发展，建立以工促农、以城带乡长效机制，依据中央的方针政策，2007年6月，国家发改委本着"先行先试，超前探索"的原则，批准成都设立全国统筹城乡综合配套改革试验区。如表7－1所示，在试验区成立之前，成都已经进行了大量城乡一体化改革的探索。自2003年以来，成都在"四位一体"战略指导下，深入推进城乡一体化和四化协同发展，积极实施"三个集中"，着力推动城乡规划、产业发展等六个方面的一体化发展，大力推进农村产权制度、村级公共服务等改革，综合整治农村土地，加强城乡配套设施建设。

以重庆和成都为核心的区域，2007年成为统筹城乡综合配套改革试验区。自试点以来，成都市始终以城乡社会统筹作为突破口，破解城乡二元结构难题，在户籍制度、社会保障制度、就业、教育、土地管理制度等领域进行了一系列卓有成效的改革，取得了巨大成就，实现了经济社会平稳较快发展。根据成都市委、市政府出台的《关于推进统筹城乡综合配套改革试验区建设意见》，截至2017年，将有150万农村居民融入城市，变成城镇居

民，城乡基本实现公共服务均等化和居民生活条件同质化，城乡差距进一步
缩小。

表 7 – 1　　　　成都市统筹城乡国家综合配套改革试验区的演变历程

时间	事　件
2003 年 10 月	出台《关于全面推进规范化服务型政府建设工作意见》，成都市委、市政府召开全市范围内城乡一体化工作现场会，积极推广"三个集中"试点经验，正式启动城乡一体化改革实践
2004 年 2 月	出台《关于统筹城乡经济社会发展推进城乡一体化的意见》，制定县乡财政体制、农业行政管理体制、户籍管理制度、土地流转办法、社会保障等方面的政策，形成制度文件几十个，建立了较为完善的统筹城乡发展政策体系
2004 年 4 月	全市领导干部在"树立和落实科学发展观"研讨班首次概括、并要求城乡一体化推进工作严格遵从"六句话"
2004 年 8 月	成都市全面启动"大部门制"改革，推动多规合一，加快整合行政管理职能部门
2004 年 9 月	成都市结合实践，初步形成涵盖"六句话""三个集中""三大重点工程"等方面的城乡一体化工作思路、工作重点和措施办法
2005 年 3 月	出台《关于改革城乡规划管理体制的意见》，全面展开乡村规划管理，全面进行规划管理体制改革
2005 年 7 月	成都市委召开现场会，出台《关于加强基层民主政治建设的意见》，全面推进基层民主政治建设
2006 年 1 月	成都全市开展"贯彻落实科学发展观，构建和谐社会"研讨班，正式出台城乡统筹、"四位一体"科学发展战略
2006 年 3 月	出台《关于深入推进城乡一体化建设社会主义新农村的意见》，将科学制定规划、壮大产业支撑、推进土地规模经营、发展农村公共事业等纳入工作重点
2007 年 6 月	成都市正式获批成为统筹城乡国家综合配套改革试验区

二、成都市城乡社会统筹的主要措施

(一) 户籍制度改革

政府积极推动《关于全域成都统一城乡户籍实现居民自由迁徙的意见》

（以下简称《意见》）出台，要求进一步破除附着在户籍制度上的利益差异，实现户口登记地和实际居住地一致，全面建立户籍、居住一元化管理的体制机制，充分保障城乡居民能够平等地享受各项基本公共服务和社会福利。同时，《意见》指出成都实现全域范围内城乡户籍改革的目标和基本思路，即在坚持依法推进、统筹协调、积极稳妥的原则下，保证出台的惠农政策持续有效，彻底破除城乡居民之间的身份差异，充分保障城乡居民平等地享有基本公共服务和参与社会管理的权利，到 2012 年，实现全域成都统一户籍。面对农村人口大量涌入城镇、城镇居民回流和落户农村的情况，《意见》规定，由于政策措施而导致户籍、居住地不一致的情况，城乡居民可凭借其拥有的合法固定的住所证明进行户口登记，实现户口随人口流动而相应的迁入迁出，基本达到城乡居民户口登记地和实际居住地一致的目标。成都市这一措施对于实现城乡之间双向自由迁徙和缓解农村人口大量外流而导致的农村人口空心化具有积极意义。

（二）土地管理制度改革

成都市在推进土地管理制度改革的过程中，明确了以土地确权为先导的做法，先后颁布了《中华人民共和国房屋所有权证》《土地承包经营权证》《林权证》《集体土地所有权证》以及《集体土地使用权证》五大证件，消除了土地管理制度改革的系统性风险，为改革的顺利进行奠定了坚实的基础。成都市通过推进城乡联建的方式，促进农村宅基地有序流转。城乡联建首先要求土地确权到户，然后在村民大会投票，达到 2/3 村民同意联建方案方可实行，农村各户与联建方在自愿互利的基础上确定具体的联建方案以后，由农户、联建方和集体之间签订正式联建协议；房屋建设和复垦通过验收后，农户自用部分作为划拨宅基地和联建方所占部分作为直接流转的非住宅（期限 40 年）由县级人民政府给联建各方颁发集体土地使用权证和房屋所有权证；如果有成规模的联建项目，根据地方实际情况，将农民占用的建设用地（宅基地）分开处理，其中人均 30～35 平方米的部分用来保护农民的居住权，余下的部分确定为"其他农村建设用地"，经由合理的程序，释放出来投入流转。对于农民集中居住区住房，成都市建立了城乡统一的房屋产权流转制度，对于经政府批准修建的房屋，在向土地所有权人缴纳了相关费用后，可以自主上市流转。成都市还建立和实行了严格的耕地保护和补偿机制，运用经济手段和契约方式保护耕地。通过设立耕地保护基金，按照基本农田每年400元/亩、一般耕地每年300元/亩的标准，由政府向农户发放耕地保护补贴，补贴的主要用途是为农民购买农村养老保险；政府通过与农民签订《耕地保护合同》，使农户承担起耕地保护的责任，一旦农户违约，不仅将被追回补偿款而且需要承担相应处罚；如果耕地发生流转，耕地保护基金的发放对象不变，以此激励农民对流转大户的行为进行监督，以确保耕地的使用性质不变。

（三）社会保障制度改革

成都市积极推动社会保障制度改革，社会保障制度基本实现了城乡统筹。首先，对于被征地的农转非人口，成都市健全并完善了相应的社会保险制度，针对2004年以前的征地农民，财政安排专项补贴资金解决其社会保险问题，而2004年以后的新征地农民，政府统一为其办理城镇基本养老、医疗保险。其次，建立健全农民工综合社会保险制度，成都市通过为农民工办理综合社会保险，使得参保农民工可以享受工伤补偿、门诊补贴、住院医保、老年补贴以及计划生育补贴等方面的优惠待遇，其中，工伤补偿和住院医保两项保险实现了城乡同等。再次，系统科学地完善了新型农村合作医疗制度，并于2004年4月起在全市农村地区全面推行新农合制度，现已实现了新农合全覆盖。最后，积极探索设立了新型农民养老保险，以"城乡衔接、农民自愿、个人缴费、政府补贴"为基本思路，采用由农民、政府、集体共同出资的方式，探索性地建立了个人账户与社会统筹相结合的农民养老保险制度。

（四）劳动就业制度改革

成都市在推进城乡就业一体化的过程中，以建立城乡协调的就业和培训体系为重点，不断深化就业制度改革，逐步建立城乡统一、自由开放的劳动力市场，加快破解对农民工进城择业、就业的限制性规定，稳步消除阻碍劳动力自由流动的体制性障碍和就业中的歧视现象，全面强化对城乡劳动力市场的监管，积极构建科学高效的劳动力市场规章制度，引导和扶持劳动力市场中的各类中介服务机构发展，全力维护劳动者合法权益，支持农民工采取合法方式组织起来维权，加快构建"城乡统一、企业自主选才、劳动者自主择业、中介机构优化服务、政府改善市场监管、维护和支持农民培训"的劳动力市场体系。在健全并完善城乡就业政策的基础上，成都市积极构建农民工失业保险基金支付制度，着力推进再就业优惠政策向农村延伸，逐步实现城乡居民享有同等就业、创业优惠政策的权利。成都市对公共就业服务体系进行优化，建立并完善了城乡统一的人力资源市场，促进城乡劳动力合理流动、公平就业。

（五）教育制度改革

成都市积极推进优质教育资源向农村延伸，投入 10 余亿元进行农村中小学校舍改造，新建和整修 400 余所乡村学校，筹资 1000 万元进行农村学校信息化设施建设，抽调 400 名优秀城镇教师下乡支教，推动成都最好的三所学校——成都七中、石室中学、树德中学与偏远农村的都江堰聚源高级中学、彭州白马中学、崇州怀远中学结成兄弟院校，使得农村学生可以享受优质教学资源，"少花钱，上好学"。同时，健全教师薪酬体系，实行"县管校用"，逐步推行教师工资"同城同酬"，在都江堰市探索性地建立了以工作半径为标准的教师补贴发放机制。

三、思考与启示

在我国长期的城乡二元经济结构背景下，农村发展过程中的矛盾激化和问题沉淀，由此产生的农村空心化问题，要远比其他国家更为复杂、更为严重，因此，通过城乡社会统筹治理农村空心化问题，不能一蹴而就，而应当成一项长期性、系统性的工程。推进方式应该由点及面、逐步推进，不能盲目求快、全面推进。推进城乡社会统筹首先需要进行全面规划，明确各个时期城乡社会统筹的目标和具体任务，确定改革试点区，再以改革试点区为示范，逐步推进，最终形成全局的渐进式推进方式。由于城乡社会统筹涉及户籍、社会保障、教育、文化、就业等多项制度改革，难度巨大，在具体推进时，要抓住关键环节进行突破，集中力量启动专项制度改革，并带动其他制度改革的不断深入，实现各个击破，层层推进。

第一，制度创新是城乡社会统筹的根本保障。城乡社会统筹的本质是破解城乡二元社会结构，满足广大农村居民的利益诉求，实现城乡居民在择业、就业、社会保障、教育、居住条件、公共设施及福利等方面享有平等的权利，在社会地位上平等，共享高度的物质文明和精神文明成果。但是，在推进城乡社会统筹的进程中，户籍制度、社会保障制度、医疗制度等固有制度阻碍了城乡社会统筹，需要进行制度改革和创新，逐步突破城乡分割的制度性障碍，充分激发束缚在传统制度下的发展潜力，促进城乡良性互动、协调发展的新型体系机制的顺利构建。

第二，土地制度改革是城乡社会统筹的关键环节。农村土地的集约利用、农村土地流转的有序推进，不但可以优化城乡土地资源的空间配置，而且可以进一步推动城镇化进程，因此，土地制度改革是城乡社会统筹的关键环节，必须高度重视，积极稳妥推进。同时，土地资源是农村居民最基本的保障和赖以生存的基础，对农村居民来说至关重要，必须从农民的根本利益出发，不断加快土地利用和管理制度改革，实现城乡统筹发展；切实维护农民的土地权益，保留农民在地票交易和转户农民退出土地使用权上享有一定的土地收益权，确保农民能够参与土地在进行集中流转、置换、交易之后的土地增值部分的收益分配，逐步消解农民对土地的依赖情结，合理引导农民市民化，助推户籍制度改革，并且加快土地流转，增加土地供给。

第三，新农村建设与城镇化同步推进是城乡社会统筹的重要支撑。城镇化是农村人口转化为城镇人口的过程。从长期来看，城镇化水平越高，对农村的辐射和带动作用越强，新农村建设水平相对就会越高；而新农村建设作为国家城镇化发展战略的重要补充，新时期新农村建设水平越高，越有利于推进农村城镇化发展。新农村建设与城镇化推进，二者之间相互联系，休戚与共，是我国现代化建设的两个重要方面。然而，在现阶段不平衡的经济发展条件下，农村相关政策、基础配套设施等相对滞后，使得新农村建设步伐相对较缓慢，城镇化发展和新农村建设之间存在一定程度上的不协调。因此，破解现阶段普遍存在的农村空心化问题，必须正确认识好和处理好新农村建设与城镇化发展的关系，坚持城乡统筹发展，不断推动城镇化和新农村协调发展。同时，积极推进新农村建设和城镇化发展有机融合，形成一个有机整体，实现城乡在组织、领导、政策、措施、规划上的有机统一和土地经营、开发利用、公共设施建设资金投入等方面政策的连贯性、一致性，构建城乡一体化的发展机制。

第四节　本章小结

本章主要从城乡社会统筹的角度来说明我国农村空心化的治理。城乡社会统筹是解决我国农村空心化问题的重要保障，旨在破解城乡社会二元结构，建立健全城乡社会一体化发展制度，实现城乡居民之间享有平等的权利和义务以及城乡居民能够共享均等的社会公共服务，形成进城农民留得下、农村农民留得住、基层组织健全高效、社会主旋律发扬光大的局面。通过加快农村土地流转、推进户籍制度改革、完善社会保障制度、推动教育均衡化发展、实施主流文化战略、重塑村民自治制度、加强农村人力资源战略等路径和模式来解决城乡二元社会结构，促进城乡社会统筹。

通过成都市城乡社会统筹案例分析城乡社会统筹的效果可以得出：制度创新是城乡社会统筹的根本保障，土地制度改革是城乡社会统筹的关键环节，新农村建设与城镇化同步推进是城乡社会统筹的重要支撑。城乡社会统筹涉及户籍、社会保障、教育、文化、就业等多项制度改革，需要进行全面规划，明确各个时期城乡社会统筹的目标和具体任务，层层推进，逐步实施。

第八章

我国农村空心化的治理

——城乡空间统筹

第一节　城乡空间统筹的目标

由于农村土地利用管理和村庄建设规划滞后，造成村庄分散蔓延，以及农村住房人均面积不断增加，而原有的住房仍旧存在。而且，由于大量农村人口外出务工，农村现有住房季节性空置，房屋利用效率极低，农村土地粗放利用。在人走屋空的情况下，农村环境的整治失去了现实价值，政府认为农村环境的整治效果不能得到有效利用，投资的积极性降低；农村留守人员心有余力不足，无力改善农村环境，农村环境改善进入两难境地。作为生产生活的空间载体，农村空间的优化和美化一直是薄弱环节，备受社会各界诟病，也是农村人口离开农村和农业的原因之一。作为城乡统筹发展的延伸和深化，城乡空间统筹是以建设美丽乡村为目标，构建城乡一体化综合交通体系，改善农村基础设施，美化农村生态环境。

一、城乡一体化交通体系

通过实地调研和实证分析，我们发现虽然区位条件并不能成为区域空心化差异的决定性影响因素，一些发达地区与城市相邻的农村，如尧南社区空心化率并不比欠发达地区偏远农村的空心化率低很多，有些地方甚至比较高。但是欠发达地区，和与城市相对应的农村，普遍存在交通条件和区位条件较差的问题。所以，以交通因素为基础的区位条件是农村空心化的重要因素，改善农村交通条件，构建城乡一体化交通体系，使得城乡紧密连接，可以改善农村综合环境和促进农村商贸流通发展，对于减少农村人口外流起到一定促进作用。构建城乡一体化交通体系的目的在于三个方面：一是城乡交通一体化规划设计。结合城市、农村经济发展现状，分析城乡联系交通客观需要，进行科学合理的交通统一规划、标准和实施，推进城乡快速交通网络一体化建设；二是完善的城乡交通投融资体制。相比经济水平较为发达的城市而言，农村经济水平相对落后，县（区）政府财力有限，所以，推进城市道路建设融资模式创新的同时，有必要在更高层次的省级政府或市级建立城乡统筹交通投资体制，加大国家财政的扶持力度，为农村交通基础设施建设提供资金保障。三是加强城乡交通的统一管理。目前，城乡道路管理分属不同部门，政府主要负责城市道路的管护，农村道路属于基层政府管护，一些自筹自建道路属于农村集体管理。相比而言，农村道路管护缺乏统一管理，人力和资金短缺，毁损情况比较严重，应建立城乡交通统一管理制度，关键在于建立城乡交通一体化管护机制，保障城乡道路管护人力和资金需求。

二、城乡一体化城镇建设

《中华人民共和国城乡规划法》实施十多年来，我国在加强城乡规划管理、协调城乡空间布局、改善人居环境和促进城乡经济社会全面协调可持续发展等方面取得了巨大成就。但是，我国在城乡建设方面重城市轻农村现象比较明显，农村在村镇体系规划、建设和管理方面都较为滞后。所以，加强城市建设的同时，应重点加大农村建设力度，构建城乡一体化自然和谐空间景观，而不是所谓的"城市像欧洲，农村像非洲"景象。农村建设重点在于小城镇和集中居民点综合环境的整治和建设。一是按照政府引导、市场运作、依托产业、形成特色的原则，积极吸引社会资金投入小城镇开发建设，全力抓好小城镇的规划、建设与管理，使其成为连接周边乡村、农民的结点，以镇村一体化衔接城乡一体化的方式，促进新型农村社区建设和农民生活方式转变，为农村实现就地城镇化、农民实现就近就业提供一个平台和过渡。二是将产业集聚发展与新型农村社区建设结合起来，依托本地产业基础和优势，做大做强主导产业，同时扩大产业规模，形成产业链条，培育城镇化发展新的增长点，以产业的聚集吸引农业人口转移，加快转移的速度和规模，促进农村劳动力就近就业。三是积极制定和完善与新型农村住宅社区建设相关的产业、就业、土地、户籍、社会保障等配套政策，解除农民的后顾之忧，为推进城镇化建设提供有力支撑。

三、城乡一体化生态建设

近年来，我国城乡生态环境保护和生态修复工作取得了明显成效，城镇农村形象得到了有效提升，农村农民生产生活环境得到了一定的改善。但由于长期偏重工业化和城镇化所导致的环境恶化还没有彻底扭转，城镇农村环境有待提升。相对城镇工业入园、生活集中而言，农村农业生产生活比较分散，环境统一保护和治理比较困难。而且，农村生态环境基础设施建设明显滞后，农业生产点污染和面源污染比较严重，农村居民生活环境较差，农村生态环境问题成为影响农村整体形象和危害农民身体健康的重要因素，制约了农村经济社会的可持续发展，加强农村生态环境的综合治理和保护，是当前和今后农村工作的一项艰巨任务。据实地调查，农村生态环境污染主要表现为农业生产的污染，包括种植业的农药化肥污染、农用塑料地膜污染和养殖业的畜禽养殖污染，以及农民生活垃圾污染，如生活污水、不可降解的塑料包装污染等。此外工业污染带来的延伸污染也是不可忽视的因素。所以，在加强城镇的工业化污染和生活污染以及生态环境综合整治的同时，关键要做好农村饮水和饮用水源地保护、农村土壤污染修复、农村生活污染治理、畜禽水产养殖污染防治和农业生产的面源污染控制工作，阻断工业污染向农村地区蔓延，加强农村自然生态保护，建设美丽新农村，提高农村生态环境承载能力，为吸纳农村人口居住和创业提供良好的环境条件。

第二节 城乡空间统筹的路径和模式

农村空心化是统筹城乡协调发展过程中无法避免的问题，是广大农村地区由传统落后的农业耕作方式向先进集约的农业经营模式变革的必然阵痛。"空心村"是农村城镇化必须面对和解决的问题，从城乡空间统筹方面考虑，首先，需要立足各个空心村的不同特征，进行科学合理的选址与规划。其次，要把握农民思想动态，坚持按照政府引导、村民自愿、社会参与、市场运作的方式进行空心村治理。最后，实现城乡空间统筹的政府行为与城镇化推进较为完善的对接与统一。在总结国内外城乡空间统筹规划实践经验基础上，结合新时期我国农村村庄空心化的实际调研，实现迁居重建模式、旧村改造模式和村庄整合模式在内的典型空心村治理模式。

一、迁居重建模式

对于改建难度大、发展受到限制等空心化严重的村庄，在充分尊重农民改建意愿的基础上，统筹考虑人口、经济发展状况、社会管理等各方面的因素，动员具有较强经济能力和改建意愿的农民，采用政府相关部门、村集体组织和村民共同出资的方式，在交通、用地条件较好和安全的地区建设新型农村社区。新型农村社区建设并不意味着村庄的简单翻新或者人口的简单聚居，而意味着在城乡一体化发展过程中，要不断缩小城乡发展差距，让农民过上城里人的生活，并享受城市居民的公共服务。新型农村社区建设必须要遵循农民群众自愿的原则，以高效利用土地、提升土地利用效率为主导，实现农村土地集约化经营管理，并提高农民的生活水平。实现农村社区化统一管理之后，农民既不远离土地，又能集中享受城市化的生活环境。同时，社区建设构建了一套层级分明、布局科学合理的城乡一体化网络体系，各种要素能够在城乡之间自由有序流动，使得农村土地得以高效、集约利用。迁居重建具体实施时，必须以新农村社区选址可行性分析为前提，综合考虑各种因素后制定切实可行的搬迁规划，力图解决广大农民的各种困难，避免引起农民的不满。

二、旧村改造模式

随着农村居民收入水平的不断提高，相当一部分农民将新居安置在村庄或城镇附近交通比较便捷的地区，原有的宅基地大量被空置，宅基地利用率低下，农村土地资源浪费严重。但是，仍然存在较多具备一定发展空间、基础设施相对较好的村庄，针对这类村庄，需要遵循"生态、集约、高效"的新理念，以因地制宜、量力而行为原则，在尊重当地空心村发展现状的基础上，由当地规划、建设主管部门编制相关规划，对原有旧民居实施旧村改造，并按规划实施基础设施改造、公共服务配套、环境综合治理和绿化美化亮化工程，能够真正顺应村庄发展的要求。在改造工作中，相关单位、部门要统一思想，加快村庄改造进程，使村庄就地改造工作与新型城镇化发展同步。通过基础设施条件的优化，如通过整治水环境，改善灌溉条件，通过硬化、拓宽道路，改善农产品运输条件等，为发展农业生产奠定基础。此外，村庄改造时充分挖掘当地特有的产业、自然风光与人文特色，积极改善农村基础配套设施和生态环境，为开发旅游业奠定坚实基础。

三、村庄整合模式

针对一些规模小、基础设施落后、零散分布的村庄，通过比较它们在经济、人口、区位等方面的差异，选择一个具有明显优势的村庄，将附近几个空心化现象严重的村庄合并成为一个新的大村庄，并将原来那些村庄的用地进行退耕还林。村庄合并要做好各项规划的宣传解释工作，增强广大人民群众的规划意识；加强村庄合并规划的执法管理工作，健全规划管理机构；加强规划建设区的基础设施建设，引导农民主动迁居；合理调整行政区划，改变现有的土地利用规定。各个地区由于经济发展水平、自然资源、风俗习惯的差异，在村庄合并时，遵循的原则和提出的条件应有所差别，但是总体上要满足"方便农村居民生产和生活、符合建筑规范、集约用地"的要求。村庄合并可以在一定程度上转变农村居民传统落后的思想观念，为农村经济可持续发展提供思想基础。同时，村庄合并有利于广大农村地区土地集约化利用和规模化经营，有利于农业专业化、产业化发展，能够有力推动农村经济发展，并且也可以在一定程度上改变二元经济体制的格局，推进农村走上集约化和产业化经营道路。

第三节　策底村空心化治理的实证分析

一、策底村基本状况

策底村位于甘肃省关山东麓的华亭县北部，东临崇信县，西连庄浪县和宁夏回族自治区泾源县，南接张家川回族自治县和陕西省陇县，地处陕甘宁三省（区）交汇处。2014 年华亭县实现生产总值 668097 万元，比上年增长10.0%。按常住人口计算，全县人均生产总值 34367 元，增长 10.0%；城镇居民人均可支配收入达到 20817 元，增长 11.5%；农村居民人均可支配收入达到 5535 元，增长 11.1%。2014 年末，全县常住人口 19.44 万人，从业人员 12.02 万人。

策底村是策底镇的一个重点行政村，行政区域面积约为 518 亩，分为柿树庄、西湾子、东湾子、孔家庄、上街、下街、鲁家源、阴湾 8 个社区，远离中心城市，地域道路崎岖，交通条件不便。截至 2014 年末共有农户 535户，共计 2362 人（包括在外地居住但户口仍然没有迁出的人口），全村外出打工人数为 715 人，达到总人数的 30.3%。在传统观念的熏陶下，农村地区对女性外出务工持有较为谨慎的态度，特别是刚毕业的初、高中女生，打不上几年工就嫁人，因此在调查外出务工人员中，男性人数远远多于女性人数，外出打工地主要分布于西安、内蒙古、银川以及兰州等地。外出务工人员主要从事建筑、简单加工、餐饮服务等技术含量较低的行业，没有人真正从事技术工作。但是该村村民到城市务工后开始更新观念，转变生活方式，通过外出务工不仅增加了收入，又增长了见识、学到了技术，对那些没有手艺、家庭经济来源不多的农民具有很大的吸引力。

由于策底村离县城较远，地处山区，自然环境比较恶劣，农民收入仍然很低，选择外出务工已经成为农民增加收入的重要途径。尤其是一些思想活跃的年轻人，接受新事物的能力较强，不愿留守土地一辈子务农。不考虑出生率和死亡率的影响，策底村从 20 世纪 90 年代开始，从事农业劳动的人口呈逐年下降的趋势，越来越多的人选择非农就业，整个村常住人口流失比较严重。目前，该村人口外流情况较之前开始下降，究其原因主要是由于 2003 年后位于该村地域内策底村煤矿开始开采，一些村民开始陆续回乡，在煤矿就业同时照顾家庭。

策底村人均耕地面积 2.54 亩，以种植小麦、玉米、土豆等为主，也种植一些传统经济作物，保障家庭日常餐饮所需，农民人均纯收入仅有 2836 元，低于全县平均水平，农民收入主要依靠外出务工。部分家庭由于主要劳动力的健康原因，无力外出务工，仅靠一点传统种植业温饱度日。基层农村两委会共 4 人，包括党支部书记、村委主任、文书、会计各一人，村两委人员年龄在 31 ~ 49 岁人员 4 人，受教育程度初中以下人员 2 人，高中、中专学历人员 2 人，各占 50%。村两委人员月平均工资（专指职务报酬，不包括其他个人劳务收入）2000 元以下，工资很低仅能维持家庭日常开支。另外，策底村在 1990 年建立了砖厂，2002 年成为全县第一个通自来水的村庄，2009 年自来水到户，2004 年进行电网改造，2011 年新街建立。

二、村庄空心化分析

据调查问卷整理，在所调查对象的 152 人当中，家庭成员数主要为 4 ~ 5 人，所占比例分别为 23.53%、35.29%，另外人数在 2 人及以下、3 人、6 人、7 人及以上分别占总调查者的 1.96%、4.90%、19.61%、14.71%。绝大多数家庭需要抚养 2 个孩子或者赡养 1 个以上的老人。在这些家庭当中，家里的经济来源主要靠外出务工，其中以青壮年劳动力为主，外出 1 人和 2 人的比例高达 79.4%。本次调查发现，九年义务教育对农村的发展起到了很大作用，大多数外出务工人员都具有初中文化，小学文化相对少一些，从收入水平看，具有初中文化的外出务工人员收入高于小学文化的务工人员，但一般知识水平与就业并不成正比，这需要在九年义务教育的基础上，应进一步适时引入职业化教育与培训，使义务教育与职业培训相衔接，从而提高农民外出务工的能力。

家庭年平均收入主要集中在 2 万~6 万元之间，其中主业收入占 60% 以上，个别家庭的年收入是 6 万元以上。在乡村建设方面，主要靠政府的拨款和农民的集资。目前，该村共有 5 个社修建了村村通公路，公路长约 2 公里，主干道都用水泥石子铺设，道路较畅通。在新产业发展、新型农民培育、新农村建设方面成绩显著，农业生产能力持续提高，农民生活条件稳步改善，农村人居环境明显优化，社会管理能力不断增强，农村基层管理模式不断创新，农村经济全面发展，基本公共服务均等化推进，但投入和整合的力度仍然不够，农村基础设施建设相对滞后。

策底村建房分为三个阶段：第一阶段为 20 世纪 70 年代初，房屋基本为泥土垒砌的土房；第二阶段为 20 世纪 90 年代初，绝大多数村民在土房的外围建成了以砖石为主的平房；第三阶段为 2008 年左右，超过 60% 的家庭修建了混凝土结构的楼房。调查资料显示，策底村经济发展仍相对落后，产业支撑不强；农村建设规划滞后、布局散乱，房屋建设千篇一律、缺乏特色；虽然积极推进农村环境综合治理，但农民生活垃圾仍旧随处堆放，脏乱差现象没有明显改观，村庄整体面貌较差，生态环境有待改善。同时，一部分留守村民表示，由于青壮年劳动力外出务工比例较高，待业在家的人员主要是以老年人带着孙子、孙女为主，除了春节期间外出务工人员返乡外，家里平常都是空荡荡的。老人即使希望子女留在自己身边，但是由于在家务农收入较低，难以维持家庭较好的生活，并且村里攀比风气较浓，促使大部分中青年劳动力选择外出务工。随着外出务工人员收入的日积月累，家里的经济条件得到显著提高，村民建房的意愿逐步增强，占有的宅基地面积持续提高。

由于农村居民文化水平相对有限，对《土地法》认识不足，节地意识薄弱，促使农民随意占用村内宅基地，不断扩大新建住房面积，占用过多农村土地。由于村里居民对祖宅有着深厚的依恋情结，受风水等封建迷信思想影响较严重，以及旧房拆除费用较高的原因，使得旧房拆除较为缓慢，村庄总体呈现外扩内空趋势。实地调研中得知，原有住房陈旧或者子女结婚，超过 60% 的村民选择了新建住宅，在这些人当中，66.7% 的村民保留了村里的老宅，只有 31.7% 的村民选择了在旧宅原地重建。此外，仍有 30.4% 的家庭居住在 20 世纪建的土房里面，居住环境十分差，居住条件急需改善。和欠发达地区的农村一样，由于较大一部分劳动力外出务工时间较长，旧房子无人管理，旧房倒塌现象逐渐显现，不仅造成了土地浪费，而且不利于村庄整体规划与发展，同时宅基地利用效率低下，这些都在一定程度上加速了村庄空心化的形成，必须进行农村空间整治和优化。

三、空心化率测算

综合考虑村庄宅基地的大量闲置、废弃以及人口的大量转移，本书将二者有效结合起来，定义村庄空心化率的表达公式如下：

$$y_v = \frac{a_k + a_f}{a} \times 50\% + \frac{L_f}{L} \times 50\% \qquad (8-1)$$

其中：y_v 表示农村综合空心化程度，a_k 表示村庄空置宅基地面积，a_f 表示村庄废弃宅基地面积，a 表示村庄宅基地总面积，L_f 代表流出劳动力数量，L 代表村庄总人口。通过将调研数据代入上述公式得到策底村 2014 年综合空心化率为 38%，其中：人口空心化率为 30.27%，村庄空心化率为 45.6%，房屋空废率为 23.5%（见图 8-1）。

四、空心化的治理潜力

策底村的 8 个社区基本上沿 X049 道呈线性分布，除回民集聚的阴湾社区坐落在 X049 道西侧以外，其他 7 个农村社区基本上坐落在 X049 道的东侧，主要分布在策底街道中心线两侧。从地理位置来看，新建房屋分别向 X049 道、策底街道中心线扩张聚拢，远离道路线的新建房屋后侧则主要是陈旧的住房，大多数破败不堪，表现出明显的空废化现象。从结构来看，上街房屋空废情况较少，其他 7 个社区的房屋空废率较高，几乎所有社区的房屋季节性闲置都比较严重。

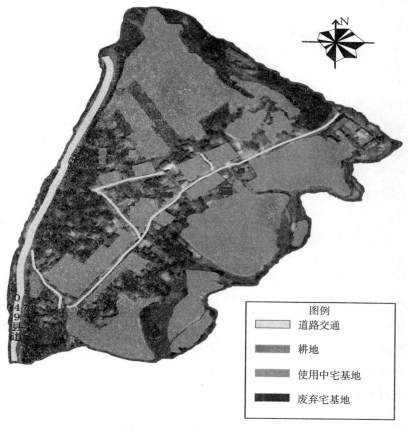

图 8-1　策底村村庄卫星图片

资料来源：http://map.baidu.com.

　　如果只考虑空废率，经过拆旧建新或土地复垦，至少可以获得 120 亩的土地，这些土地用于发展现代农业，村年均收入可以增加 12 万元以上，如果用于商业开发，则增加的年收入更多。如果综合考虑房屋的季节性闲置和农村人口城镇化吸纳（按照欠发达农村平均比率 30% 计算），沿策底街道中心线两侧，采取村庄整合模式进行农村住房集中建设和人口集中居住，那么至少可以节约土地 200 亩，发展现代农业和商业开发的价值更大。

第四节 本章小结

　　本章主要从城乡空间统筹的角度来说明我国农村空心化的治理。城乡空间统筹是解决我国农村空心化问题的重要手段，需要综合考虑农村的生产、生活、村容和管理等各个环节，以挖掘空心村土地潜力、提高土地利用效率、改善农村生态环境、提升农村自我发展能力和统筹城乡协调发展为核心目标，着力解决城乡空间布局、产业布局、基础设施、生态环境保护等问题，集约式推进农村居民点布局科学合理化以及城乡一体化发展。通过迁居重建、旧村改造、村庄合并扩建等路径和模式来解决城乡二元空间结构，促进城乡空间统筹。

　　通过甘肃省平凉市华亭县策底村的调研案例来分析城乡空间统筹的效果，根据调研数据计算得到策底村2014年空心化率为38%，进一步分析认为，策底村空心化的治理潜力是巨大的，在推进新型城镇化建设的同时，要加大对农村的投入，推动农村劳动力彻底转移、土地高效流转，在发展家庭农业的基础上，扶持专业合作社，发展现代农业，建设新型农村社区，有效解决农村空心化问题。

第九章

安徽省农村空心化问题治理研究

第一节 农村人口空心化问题分析与治理

一、农村人口空心化现状

对比全国第五次人口普查，根据第六次人口普查数据可以看出，全国31个省级行政区中，人口净流入地区仅有 14 个，净流出地区达到 17 个，人口流失数量超过 200 万人的省份已经超过 10 个，人口流出数量最多的安徽省，已有 962.3 万人在其他省（市）生活或工作，占全国跨省流动人口的 11.2%，其中：农村人口流失 929 万人，占全省人口流失数量的 96%。

（一）农村人口空心化趋势加剧

安徽省是中部欠发达省份，产业基础相对发达省份较弱，经济发展水平落后，农村农业人口众多，是全国农村人口流出较多的主要省份之一。从2000 年、2010 年、2014 年三个时段来看，户籍人口、常住人口、城镇人口都呈上升趋势，但常住人口、城镇人口增加数远远低于户籍人口增加数，说明安徽省一直保持人口净流出状态，在流出人口中，农村人口居多。2000 ~ 2014 年，农村人口外流加剧，2000 ~ 2010 年，农村人口变动数占户籍人口比例为 13.6%；2010～2014 年，农村人口变动数占户籍人口比例为 17.7%，4 年间增加了 4.1 个百分点（如表 9-1 所示）。

表 9-1	2000～2014 年安徽省人口变动情况	单位：万人
	2000～2010 年	2010～2014 年
户籍人口	581.3662	690.7362
常住人口	50.0520	183.0052
城镇人口	981.0728	1413.3611
农村人口	-931.0208	-1230.3559

资料来源：根据 2000 年第五次人口普查、2010 年第六次人口普查和《安徽省统计年鉴 2015》数据计算。

与周边省份相比，安徽省农村人口外流数仅次于人口大省河南、江苏省，高于山东、浙江、江西、湖南和湖北等省（如图 9-1 所示）。

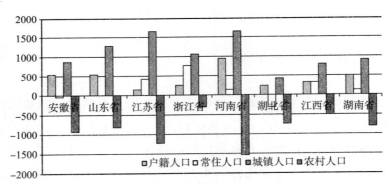

图 9-1　安徽省周边地区农村人口变动

（二）农村人口空心化阶段性明显

改革开放的持续推进、市场经济的建立使城市化、工业化迅速发展，为农村劳动力的非农就业提供了载体，促使安徽省农村人口的流动规模逐年上升，留守在农村从事农业生产活动的劳动力日渐减少，从事正常的农业生产所必需的劳动力数量缺乏，人口空心化现象日益凸显。根据统计分析，将安徽省农村人口空心化的发展历程大致分为 1978～1999 年、2000 年至今两个阶段（如图 9-2 所示）。

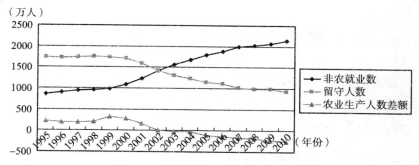

图9-2　安徽省农村人口空心化过程

1978～1999年虽然没出现严重的农村人口空心化现象，但是农村人口的大规模流动加速了空心化问题的出现；从2000年开始，安徽省农村人口的非农就业开始急剧的增长，2000～2002年的三年间增长最为迅速，年均增长12.81%；从2003年开始，增长幅度开始下降，2008～2009年农村劳动力外出增长率下降到1.75%左右。

（三）农村人口空心化区域不均衡

根据第五次人口普查、第六次人口普查和《安徽统计年鉴》（2015）的数据，借助Mapinfo工具，分别从省辖市、县两个层面分析安徽省农村人口外流状态（如图9-3所示），可以发现皖北地区普遍高于皖江、皖南地区，皖西地区（安庆市）则和皖北地区一样，农村人口外流比率相对较高。

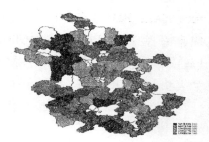

图9-3　安徽省市、县域农村人口外流状况（2000～2014年）

二、农村人口空心化机制分析

为深入分析安徽省农村人口流失机制，我们设计了《工作生活地点选择意愿调查表》，分别在安徽省中心城市的进城务工人员、偏远农村农民群体中进行实地调研。

(一) 问卷设计与数据整理

本次实地调研共发放问卷 300 余份，收回有效问卷 295 份，有效问卷率达 98.3%，达到所需的样本量。问卷总体上分为 3 个部分，第一部分为样本属性，包括性别、年龄、现在地点、期望地点、职业选择顺序、学历层次、期望月薪、期望工作单位性质等。第二部分为对城市的评价，共 20 个题项，分为经济、社会、文化、心理四个方面，各题项的测量均借用 5 点李克特（Lehto, X. R）量表，其中："1"表示完全不同意，"2"表示不同意，"3"表示说不清，"4"表示同意，"5"表示完全同意。第三部分为对农村的评价，共 20 个题项，分为经济、社会、文化、心理四个方面，各题项的测量也均使用 5 点李克特量表，其中："1"表示"完全不同意"，"2"表示"不同意"，"3"表示"说不清"，"4"表示"同意"，"5"表示"完全同意"。

本报告运用 SPSS 软件对每一份实地调查问卷进行编号和数据录入，其中每一行为一条记录，即一份调查问卷（一个样本）的信息，共有 295 行。前 9 列分别为每个样本的属性，包括序号（num）、性别（sex）、年龄（age）、现在地点（pre Location）、期望工作生活地点（exp Location）、职业选择顺序（select Job Order）、学历层次（edu）、期望月薪（exp Pay）、期望职业（exp Job），关于实地问卷调查样本属性指标的统计数据如表 9 - 2 所示。

表 9 - 2　　　　　　　　实地问卷调查样本的属性指标统计特征

属性指标		频数（%）	属性指标		频数（%）
性别	男	168（56.9%）	选择顺序		
	女	123（41.7%）	先地点，后工作		105（35.6%）
年龄	30 岁以下	167（56.4%）	先工作，后地点		84（28.5%）
	30~40 岁	74（25.1%）	无所谓		57（19.3%）
	40 岁以上	47（15.9%）	学历层次	专科以下	70（23.7%）
现在城市	城市	132（44.7%）		专科	103（34.9%）
	农村	152（51.5%）		本科	110（37.3%）
期望工作生活城市				硕士	11（3.7%）
	城市	255（86.4%）		硕士以上	0（0%）
	农村	30（10.2%）	期望月薪	2000 元以下	4（1.4%）
				2000~3000 元	44（14.9%）
				3001~4000 元	124（42%）
				4001~5000 元	71（24.1%）
				5000 元以上	52（17.6%）
			期望职业	中小民企	68（23.1%）
				大型外企	26（8.8%）
				国有企业	88（29.8%）
				事业单位	72（24.4%）
				国家机关	38（12.9%）

资料来源：根据实地调查问卷整理计算。

（二）对问卷题项的认可度分析

1. 对城市评价

运用 SPSS 对有关中心城市的 20 个题项的认可度（用 S 表示）进行计算排序。首先，对 a1~a20 题项的选择结果进行统计，计算出相应比率；然后采用加权计算方式求出该题项的总体认可度。若对 a1 的认可度为 S_{a1}，有：

$$S_{a1} = \sum \left(r \times \frac{n}{15} \right) \qquad (9-1)$$

其中：r 为比率，$n = 1, 2, 3, 4, 5$

由式 9 - 1 可得：

$$S_{a1} = 5.4\% \times \frac{1}{15} + 8.8\% \times \frac{2}{15} + 24.3\% \times \frac{3}{15} + 56.1\% \times \frac{4}{15} + 4.7\% \times \frac{5}{15} \approx 0.2301$$

即 295 个样本对 a1 的认可度的值为 0.230056。同理求得 a2 ~ a20 的认可度值，并排序，如表 9 - 3 所示。

表 9 - 3   城市各题项认可度值排序

排名	序号	题项	得分
1	a15	城市房价高	0.2655
2	a5	城市的区位、基础设施条件好，交通便捷	0.2497
3	a6	城市商品物资丰富	0.2479
4	a3	城市的交际面广	0.2402
5	a16	城市交通拥挤，交通事故多	0.2325
6	a14	城市生活必需品价格高	0.2310
7	a1	城市就业机会多	0.2301
8	a17	城市人情冷漠、人际关系复杂	0.2298
9	a7	城市就业有利于建立家庭和后代教育	0.2285
10	a4	城市居民福利条件好	0.2258
11	a20	城市生活感觉压抑	0.2240
12	a2	城市就业的收入高	0.2185
13	a8	城市投资创业的优惠措施多	0.2147
14	a12	城市历史悠久、文化气息浓厚	0.2142
15	a18	城市普通居民地位低、归属感差	0.2129
16	a13	城市环境状况差	0.2066
17	a10	城市就业实现个人价值的概率高	0.2052
18	a9	城市就业的荣誉感强	0.1984
19	a19	城市社会治安问题不好	0.1930
20	a11	城市政府高效廉洁	0.1815

资料来源：根据实地调查问卷整理计算。

2. 对农村评价

运用式 9 - 1 对农村评价的 20 个题项（a21 ~ a40）的认可度进行计算排序，如表 9 - 4 所示。

表 9 - 4　　　　　　　　　　农村各题项认可度值排名

排名	序号	指标	得分
1	a28	农村生活感觉自由、舒畅	0.2260
2	a21	农村环境状况好	0.2246
3	a24	农村生活便利	0.2203
4	a25	农村人际关系简单、人情温暖	0.2190
5	a26	农村普通居民归属感、主人翁感强	0.2176
6	a23	农村房价不高	0.2113
7	a22	农村生活必需品价格低	0.2111
8	a30	农村就业的收入少	0.2072
9	a27	农村社会治安、交通安全状况良好	0.2052
10	a31	农村的交际面不广	0.2032
11	a39	农村政府工作效率低、作风差	0.2005
12	a29	农村的就业机会少	0.1977
13	a34	农村的商品物资不丰富	0.1975
14	a32	农村居民福利条件差	0.1953
15	a36	农村投资创业的优惠措施少	0.1941
16	a33	农村的区位、基础设施差，出行不便	0.1932
17	a40	农村缺乏文化气息、品位不高	0.1849
18	a35	农村就业不利于建立家庭和后代教育	0.1817
19	a38	农村就业难以实现个人价值	0.1496
20	a37	农村就业有羞耻感	0.1388

资料来源：根据实地调查问卷整理计算。

由表 9 - 4 可以看出农村的指标认可度最高的是 a28（农村生活感觉自由、舒畅）；认可度最低的是 a37（农村就业有羞耻感）。而且，对负面指标的认可度大都排在后面，对于农村的负面指标的认可度都不如正面指标认可度高，说明人们普遍认同农村的正面指标，对负面指标认可度低。

（三） 归纳与尝试性推论

就业机会、福利条件、收入水平、创业优惠政策、优越区位、交通条件、交际机会、实现个人价值的机会和工作的荣誉感吸引农村年轻人转移到城市、现在城市的人继续留在城市。为了能在城市，人们甚至可以忍受城市的人情冷漠、人际关系复杂、生活压抑、归属感差等不利的一面。城市久远历史、浓厚文化气息和良好教育条件并不是人们向城市转移的必要条件，而城市的环境、交通和治安问题会影响农村居民就业，农村相对较低的房价和物价水平则可能是阻碍年龄相对较大的人到城市发展的重要因素。

正是由于城市对于农村年轻劳动力的不断吸纳，劳动力在转移过程中也同时转移了资金和技术，从而导致农村发展过程中人力资源缺失、资金短缺、技术进步受阻以及产业的空洞化、矮化，产生了农村空心化现象，而农村空心化进一步加剧了农村人口以及附着在人口之上的要素外流，阻碍了农村发展（如图9-4所示）。

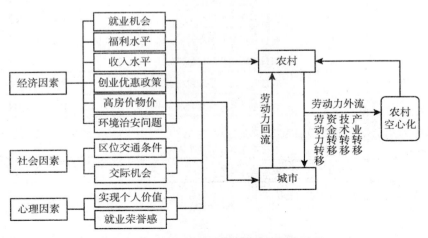

图9-4　农村人口外流的影响机制和过程

三、农村人口空心化治理实践

农村大量青壮年劳动力的外流，新农村建设主体的缺位，使农村的农业生产、土地制度、养老制度等都受到挑战，同时还产生了留守老人、留守儿童、留守妇女等一系列社会问题，必须加以综合治理。安徽省铜陵市2000年初开始探索城乡一体化模式，并于2015年成功试行"房票"制度，坚持城乡统筹发展原则，统筹规划城乡发展，积极推进城乡基础设施一体化建设、产业一体化布局和基础公共服务均等化供给，全面深化户籍、土地、行政等综合配套改革，大力推动农村土地向规模经营户集中，农村人口向城镇集中，工业向园区集中，建立和完善城乡协调、共同发展的体制机制，有效抑制了农村人口空心化问题①。主要措施包括：

（一）推进城乡基础设施一体化，夯实城乡统筹发展基础

在统筹考虑自然条件、现实情况和环境资源承载力的基础上，加快编制合理可行的空间利用、土地利用、基础设施与社会事业等方面的专项规划，着力优化城乡空间布局、基础配套设施布局、公共服务布局，全面完善城乡一体化的发展体系，推动城镇供水、供气、供电、垃圾污水处理等配套设施完善，加快推进城乡通信、文教、卫生等基础设施建设，实现城乡资源共享和有效利用。

（二）大力发展现代农业，增强城乡统筹发展活力

围绕保障农产品供给、农业增效和农民增收，不断优化整合区域内农业资源，建立健全农业社会化服务体系，全面提高现代农业发展水平。通过扶持铜陵白姜、丹皮、畜禽水产、无公害蔬菜、苗木花卉五大主导产业发展，奠定休闲观光农业发展基础。同时，支持鼓励农业龙头企业、专业合作社等新型农业经营主体发展，不断延伸农业产业链，建成无公害蔬菜、水产养

---

① 关于铜陵市推进城乡一体化发展——百度文库［EB/OL］. http：//wenku. baidu. com/view/b48f82f8910ef12d2af9e711. html，2012.

殖、优质生猪饲养等七大基地，加快农产品流通速度，全面推广农业科技，着力做精做强"一村一品"工程，实现土地产出率、资源利用率、劳动生产率稳步提升和农民收益持续提高。

（三）完善城乡一体化社会保障，推进城乡一体全民创业

全面完善农村新型合作医疗、最低生活保障和基本养老保险等社会保障制度。建立健全城乡居民最低生活保障调整机制，推动被征地农民、自愿放弃土地承包经营权的农民享有城镇社会保障体系。进一步优化创业环境，合理制定创业、就业扶持政策，建立城乡一体化的创业就业服务体系；大力引导和扶持个体私营经济发展，积极建设中小企业创业基地，加快推动农村服务业发展；加大城乡劳动力技能培训和就业扶持力度，提升劳动者择业、就业能力和岗位适应能力，加快规范高效的城乡人力资源市场建设，建立健全失业预警机制，确保城乡劳动力实现充分就业。

（四）深化户籍制度改革，推进城乡基本公共服务均等化

加快取消本市户籍人口按照农业和非农业性质划分，逐步实行统一的户口登记制度，以实际居住地为登记基础，统一登记为"居民户口"，逐渐消除附着在户籍制度上的利益差异，实现城乡协调发展。合理引导人口向城镇集聚，建立并完善市外人口准入制度，优先吸引专业人才、外来投资者进驻城镇。全面完善公共服务体系，稳步实现教育、体育、文化、卫生等公共服务同城同待遇。

（五）深化体制机制创新，建立城乡统筹发展长效机制

推进农村土地制度改革，促进集体建设用地使用权流转，允许集体建设用地通过使用权出让、入股、联营等方式进行流转；以依法、自愿、有偿为原则，采用转让、租赁、置换、入股等方式，在充分尊重农户意愿的基础上，合理引导农户以土地承包经营权入股土地股份合作社或者委托集体经济组织代为流转其承包经营权，提高农村土地利用效率和规模化经营效益。着力建设城乡一体化的公共财政体系，加大市级财权、事权的下放力度，科学合理划定市、县（区）财政收支范围，形成财权和事权相匹配的财政体制，进一步提升县（区）、乡镇两级的公共服务能力。加快推动城乡行政体制改

革，不断强化政府社会管理与公共服务职能，建立健全高效便捷的乡镇管理体制和村级组织运转保障机制，剥离农村管理服务职能与集体资产经营管理职能，提高农民市场化、组织化程度。

第二节 农村村庄空心化问题分析与治理

一、农村村庄空心化现状

2014 年底，安徽省城镇化率达到49.15%，已进入城镇化发展的加速阶段，城镇化和城市发展取得了丰硕成果。与此同时，新农村建设加速推进。2012 年，安徽省人民政府颁布实施了《安徽省美好乡村建设规划（2012～2020 年）》，到目前为止，安徽省共规划建设 1970 个中心村，进一步改善了农村环境面貌，提高了农民生活质量。但由于大量农村人口外移导致农村空心化现象加剧，给工农业生产和美好乡村规划建设带来了难题，需要加以研究解决。

（一）农村村庄空心化现象严重

从 20 世纪 90 年代初开始，在城市拉力和农村推力共同作用下，安徽省与全国一样开始了大规模的人口流动，大量农村剩余劳动力不断外流，特别是具备一定技术专长、身强力壮的青壮年劳动力大规模涌入城市寻求发展，导致农村常住人口锐减，在一些村庄甚至出现了"人走房空"、农村聚落"外扩内空"的现象。截至 2014 年底，安徽省有 836 个建制镇、322 个乡、1.4 万个行政村、22 万个自然村，与 2000 年相比，乡镇数量减少近 300 个，行政村减少 1.6 万多个，自然村减少超过 8 万个，乡镇、行政村减少主要是由于撤村并乡的原因，而自然村减少则是自然衰落所造成的。14 年来，安徽省自然村总体破败近 40%，而这些空废的村落没有进行有效的改造利用，造成土地大量闲置浪费。

（二）农村村庄空心化差异较大

依据安徽省国土调研数据，借助 Mapinfo 工具，计算表示出安徽省农村村庄建设用地面积比重（村庄开发强度），见图 9-5、图 9-6，与安徽省农村人口空心化分布相比，可以明确看出，农村村庄建设用地面积比重大的区域，村庄的空心化（荒废化）程度高，反之亦反。皖北地区的村庄建设面积比重全省最高，达 11.6%，远远高于皖江地区（6.93%）、皖西地区（3.75%）和皖南山区（3.17%），农村空心化程度也最高。

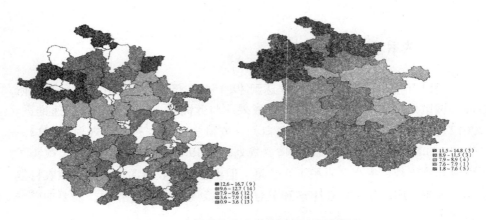

图 9-5 安徽省各市、县农村村庄开发强度

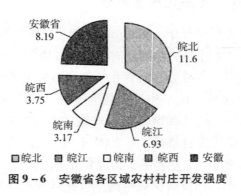

图 9-6 安徽省各区域农村村庄开发强度

二、农村村庄空心化原因分析

造成安徽省农村空心化的因素是多方面的，既有城镇化的影响，也有规划滞后、管理不严、治理不力和乡土观念等方面的原因。

（一）规划不力导致村庄违章乱建

严格意义上讲，新中国成立后，一直到 21 世纪初，我国一直没有关于农村建设的专门规划。党的十六届五中全会提出了建设社会主义新农村，并于 2007 年颁布《中华人民共和国城乡规划法》，农村房屋建设才有法可依。据对安徽省实地抽样调查，《中华人民共和国城乡规划法》出台之前，农村房屋建设已经历了 1960～1980 年、1980～2000 年、2000 年至今三个周期的扩张，每期新建房屋占地面积都有所扩张，不在原址复建的原有房屋仍旧保留，农村人均建设用地从 240 平方米增加到 360 平方米，农村空心化率日益提高。根据土地利用最新调研数据，皖北地区农村人口人均宅基地面积达到 110 平方米，皖江地区农村人口人均宅基地面积接近 110 平方米，皖南和皖西山区农村人口人均宅基地面积也在 100 平方米左右，均超过安徽省规定的每户宅基地面积 30 平方米上限。

（二）观念落后引起空心化蔓延

在调研过程中发现，几乎全部被调查农民都认为，宅基地是个人所有，占有了就属于自己，因此都通过各种方式异址新建住房，并且没有拆除旧房子；在传统观念的影响下，部分农民认为老房子是祖业，不能拆除，还有部分农民认为拆除旧房成本太高，而且老人也需要一定的安居之所，从而，当老人过世后，旧房就被空置。

（三）半城镇化造成农村房屋废弃

"离农不离乡，进厂不进城"的半城镇化现象也是安徽省城镇化的显著特征。一些外出务工的富裕农民，通过在务工城市购买商品房或租房，成了"市民"，但是他们仍然保留农村的宅基地和田地，并没有将宅基地上交，导致宅基地出现空置的现象。同时，一部分人通过读书、服兵役等方式实现了身份的转化，由"农民"转换为"市民"，这部分人也依然保留宅基地。

除此之外，部分农村地区空心化主要是由自然条件差引起的。有些地区村庄自然条件恶劣，地势低洼、交通不便、通信不畅，农民生活受到极大影响，而富裕起来的农民开始注重自己的生活水平，在新建住房时，常常选择条件相对比较好的地方，原有的住房就沦为了空宅。

三、农村村庄空心化治理措施

根据对安徽省农村实际调研，结合天津、山东、江苏、重庆和其他一些地区城乡一体化、村庄整治和新村规划建设的做法，提出加快安徽省农村空心化治理的一些想法。

（一）科学规划村庄建设，遏制农村空心化增量

依据安徽省第六次人口普查数据，结合近两年来多次实地调研，在科学预测人口流动规律和空间布局基础上，建议根据安徽省不同地区自然条件和产业发展情况，分别采取"4321"或"3322"模式来规划村庄建设。总体上按照"县城－重点镇－一般乡镇（中心村）－零散居住点"构建四级农村城镇体系，科学预测人口规模，合理规划乡村居住点。一是皖江地区采取"4321"模式。皖江地区水资源丰富，产业基础好，人口总体呈净流入状态，建议近期采取"4321"模式规划居民点，即县城规划接纳全县40%的常住人口，人口规模控制在30万人以上，重点镇、一般乡镇（中心村）、零散居住点分别接纳全县常住人口的30%、20%和10%，重点镇、一般乡镇（中心村）人口规模分别在5万人、2万人以上。远期，皖江地区可以直接过渡到"4330"模式。二是皖南、皖西、皖北地区采取"3322"模式。皖南、皖西、皖北地区人口总体呈净流出状态，皖南、皖西地区水资源丰富，但地势不平，以丘陵山地为主，现有人口居住点比较分散；皖北地区地势平坦，耕地面积广阔，但水资源缺乏、产业基础相对薄弱。为满足这三个地区农民生活和生产作业需要，宜采用"3322"模式来进行村庄规划建设，县城接纳全县常住人口的30%，最大规模不宜超过50万人，一般在30万人左右，重点镇、一般乡镇（中心村）、零散居住点分别接纳全县常住人口的30%、20%和20%，重点镇、一般乡镇（中心村）的人口规模控制在5万人、2万人以下。新宅建设严格审批，严格执行一户一宅和拆旧建新制度，严格控制新建住宅的人均面积。

（二）推拉转三管齐下，消化农村空心化存量

一是"推"。推进新型城镇化，引导农民向城镇集聚和消费能力向商品房转移。与产业集聚区建设相承接，在县城和第二、第三产业相对发达的中心建制镇，分别规划建设规模化居民新区，面向自愿放弃农村宅基地或者放弃新建住房的农村居民，采取房屋建设最低成本价进行销售，并给予适当的安置补贴。二是"拉"。加快农村产业发展，推进农村环境综合整治，增强农业就业和农村的吸引力。建议扶持农业产业化联合体发展，促进农业增效和农民增收，提高农村人口吸纳能力，引导农民就地城镇化，提高空置房屋的复住率。三是"转"。完善宅基地流转制度和利益共享机制，灵活运用宅基地有偿使用、转让、抵押等制度，提高宅基地利用效率。建议结合美好乡村布点和建设，对于废弃村庄实行复垦，复垦土地指标通过占补平衡方式满足县域城镇建设和产业用地需要；对于不满足复垦条件或复垦难度大的废弃村庄，可以进行生态化改造，促进农村居住环境整体改善。

第三节　农村产业空心化问题分析与治理

我国自实施家庭联产承包责任制以来，极大地激发了农民从事农业生产的积极性，开创了农业生产连年丰收、农民收入连年增加的喜人局面。安徽省是农业大省，省委、省政府历来高度重视农业发展，相继出台多项政策促进农业发展，充分激发了农村发展活力，不断推进农业、农村发展迈上新台阶。但安徽省农业仍旧存在农业效率不高、农民收入较低、部分耕地利用效率低下、抛荒、农村农业空洞化和矮化等问题，这些都需要深入研究解决，以进一步提高农业生产的积极性，保障优质农产品有效供给，促进农业效率和农民收入提升。

一、农村产业空心化现状

安徽省农业空心化集中表现在两大方面，即农业空洞化和农业矮化。农

业空洞化主要指的是由于耕地抛荒所引起的季节性或全年，甚至常年没有农业产出；农业矮化则是指由于资金、人力和技术等农业生产要素投入不足或管护不力以及机械化水平不高而导致的耕地利用效率和农业产出效率低下。

（一）农业空洞化

截至 2014 年底，安徽省共有耕地面积 58764.15 平方公里（约 8814.62 万亩），人均耕地面积不足 1.5 亩（约 1.45 亩），明显低于全国人均 1.52 亩和世界人均耕地 3.38 亩水平，耕地资源非常紧张。从实际抽样调查的数据来看，安徽省耕地常年抛荒面积超过 6‰，其中：皖南、皖西地区耕地常年抛荒面积超过 8‰，有些县（市）接近 10‰；皖江地区耕地常年抛荒面积在 7‰左右；皖北地区耕地常年抛荒面积在 4‰以下。这些土地主要是山区、库区的一些零星、分散、贫瘠的山冲地和多梯田及丘陵等，以及平原地区的一些旱地。安徽省耕地季节性抛荒情况比较严重，全省平均比例超过 15%（皖北、皖西 2 年 3 季生产，皖江、皖南 1 年 2 季生产），其中：皖江、皖南地区最为严重，耕地季节性抛荒面积超过 20%。

（二）农业矮化

相对于其他产业，农业本身就是弱势产业，再加上农业生产要素投入不足，农业产出率较低。2014 年，就种植业来说，安徽省皖江、皖南稻麦连种地区农业平均产出 2100 元/亩，皖西、皖北小麦玉米连种地区农业平均产出 1800 元/亩，稍低于中部地区的部分农业大省，不到种植业全产业链收入的 30%[①]。

二、农业空心化形成原因分析

安徽省农业空心化的原因是多方面的，既有外部不利影响，又有自身因素导致，既包含田地、产业本身的因素，又有农业要素投入不足和工业化、

---

① 农业全产业链收入是指从农产品原料生产，到深加工、销售以及相关产业整个价值增值总和。参考《2013～2017 年水稻种植行业深度分析及产业链投资价值研究咨询报告》（中研普华集团研制）。

城镇化的不利影响等因素。

（一）城乡分离的城镇化、工业化不利影响

城乡分离的城镇化、工业化不利影响是农业空心化外因的主要方面。在党的十六大提出统筹城乡发展战略以前，我国一直采取优先发展城市和工业的政策，在城市和工业的高就业、高收益、高回报，以及良好的生活环境和优良的教育水平的吸引下，从事农业的年轻劳动力、科技人才和资金等纷纷脱离，造成"无人种、少管护和低效益"的农业恶性循环。尽管各级政府致力于农村改革和社会发展，但是却把解决"三农"问题更多地放在了农村内部，仅仅考虑农业、农村和农民问题，忽视了"三农"问题与其他社会单元的有机联系，因而无法实现农业与工业、农村与城市、农民与市民之间的良性互动与协调发展。目前，安徽省城乡差距仍旧较大，城乡分离的城镇化、工业化不利影响难以在短时间内全部化解。

（二）传统农业的弱质性是农业空心化内因的核心

相对于工业、服务业而言，农业本身的效益就低，这使得农业投资、创新创业和生产经营的积极性有所降低。如果农户采取传统家庭经营模式从事传统种植和养殖等业态，往往因为经营成本过高和农产品市场信息不畅导致经营效益不高，甚至出现农产品积压，损害农民从事农业生产的积极性。事实上，由于近年来外出务工收入的提高，外出务工收入逐渐成为大部分农村家庭主要的收入来源，粮食种植逐步从农民的"主业"转化为"副业"，一些留守老人、妇女只好采取"双改单"的耕种方式，能保证留足家庭的"口粮"就行。

（三）耕地自身因素是重要方面

安徽省皖南、皖西和皖北的一些高梯田、水浸田和陷凼田，土地基础条件差，易涝易旱，土壤贫瘠，光照条件差并且零星分散，无法进行机械化耕种。在这些土地上种植投入大、风险高、收入少，农民自身种植比较困难，同时又难以流转，因此常年抛荒现象严重，并且不科学耕作和无机肥料大量使用导致土壤肥力全面下降，某些地区土壤沙化、盐碱化加重，自然也无人

耕种。

（四） 农村土地流转机制尚不健全

大量农村剩余劳动力向城镇转移，能够为农业实现规模经营创造条件，有利于将有限的耕地集中耕作、提高农业收益。但是，当前的粮食生产是在家庭联产承包责任制不变的基础上，实行一家一户单独经营，这种较为分散的经营方式虽然使农民有了最大的生产自主权，但是缺乏统一管理，生产要素难以整合形成合力，无法形成规模效益。同时，对于农民而言，对土地的依赖性虽然降低，但由于几千年来形成的土地是农民命根子的思想观念根深蒂固，短时间内还难以改变，从而造成大部分农民情愿让自己名下的承包地季节性抛荒甚至全年抛荒，也不愿意交给别人经营，更不肯出让承包权。由于土地流转机制还不健全，迁移城镇的农民所承包的耕地不能实现有效流转。

此外，自然灾害造成土地无法复耕。由于安徽省皖南、皖西山区自然灾害频发，加之抵御自然灾害的能力较差，因洪灾导致山体滑坡和水淹沙压，造成部分耕地严重破坏，有的根本无法恢复，有的因投入成本较大没有及时恢复，这些耕地自然形成了抛荒地。

三、安徽省农业产业化实践探索

党的十八大报告明确提出工业化、信息化、城镇化和农业现代化"四化同步"战略。就实地调研来看，相比工业化、信息化、城镇化，农业现代化发展滞后，所以，2016 年中央农村工作会议特别提出要加快农业现代化。农业现代化的基础是农业产业化。因此，农业产业化是实现中央"四化同步"战略的重要基础。安徽省贯彻落实中央文件精神，在农业产业化方面做了大胆探索，促进了农业增效和农民增收，促进了农村人口就近城镇化，对于农村空心化的综合治理有一定的借鉴价值。到目前为止，安徽系列农业产业化探索中，效果显著的主要有以下三个方面：

（一） 发展专用品牌粮食

发展专用品牌粮食，是农业供给促改革的有益探索，粮食联合体将发挥主力军作用。发展专用品牌粮食，粮食联合体要以"稳步提升粮食产能，稳定水稻小麦生产"为基础，立足"消费导向"，以提高粮食质量效益和市场竞争力为主攻方向，以水稻和小麦等口粮作物为重点，坚持品牌引领、品质保证、品种优先，围绕提升价值链、延伸产业链、打造供应链、形成全产业链的要求，促进粮食结构进一步优化、生产效益进一步提升、品牌影响力进一步扩大、产品市场竞争力进一步增强。

一是选择发展专业品牌粮食经营主体。瞄准市场占有率较高、溢价能力较强的粮食知名品牌，选择一批实力较强、信誉度较高的品牌运营核心企业，引领专用品牌粮食发展。按照品牌对粮食品种、品质、产地等要求，制订专用品牌粮食生产规程，落实紧密型联合体内科技素质高、生产经营规范的种粮大户、家庭农场、农民合作社。

二是确立发展专业品牌粮食标准规范。依托无公害、绿色、有机农产品生产基地，制定实施耕、种、收、管（重点是病虫防治）、灌全过程标准，实行标准化生产、规模化经营和专业化服务，确保原料生产符合品牌生产标准要求。引导品牌运营核心企业和生产服务主体签订购销等合作内容的协议，进一步规范契约文本，强化契约落实，通过要素、产业和利益的紧密连接，实现粮食全价值链的利益共享。

三是明确发展专业品牌粮食扶持政策。实施优质专用品种推广、新型肥料推广、绿色防控药械推广、节水灌溉技术推广和新型机械作业服务等补助。中央和省级财政相关支农项目资金优先支持专用品牌粮食试点。加快金融支持创新，推进专用品牌粮食生产政策保险和商业保险融合，完善农业信贷担保体系，优先支持专用品牌粮食生产经营主体担保融资，促进农发行、商业银行加大发展专用品牌粮食经营主体贷款支持力度。

（二）实行绿色发展

以市场为导向，通过品牌引领、循环利用和产业融合，探索构建产品生态圈、企业生态圈和产业生态圈三位一体的生态农业产业化发展模式。

一是以品牌化运营打造产品生态圈。以打造绿色生态品牌为中心，建立农产品安全监督体系，探索建立农产品产地环境、生产过程、加工流通、消费全程可追溯体系，推进农产品安全储备与应急体系建设和食品监测基础设施建设，完善检验技术手段，制订农产品质量安全专项治理实施方案，保障农产品安全，形成现代农业发展倒逼机制。

二是以联合体组织打造企业生态圈。以种养大户、家庭农场、农民合作社、农业企业为主体，创建一批生态农场、生态农庄和生态企业。推进第一、第二、第三产融合、产加销一体，培育一批具有品牌信誉的产业化龙头企业，打造全产业链条的紧密型企业联盟。

三是以复合式循环打造区域产业生态圈。通过植物生产、动物转化、微生物还原的循环生态系统，推进种养加、贸工农一体化，实现地域范围内的复合式循环，构建以粮食企业为单元的生态小循环、以示范园区为单元的生态中循环、以区域为单元的生态大循环，实现"一控两减三基本"目标。

（三）推进"互联网+现代农业"

一是推进"互联网+物联网+现代粮食"深度融合。支持农民积极运用电子商务、移动互联网、大数据、云计算、3D打印等技术，发展电子商务、定制农业、创意农业和智慧农业等新业态。

二是加快信息化基础设施建设。建立信息化服务平台和共享机制，提高现代农业信息化水平，建立信息资源采集、整理和定期发布制度，将支农惠农政策、新技术新品种应用、农产品供求等信息集中纳入信息服务内容，促进现代农业信息技术广泛应用。

三是提高现代信息技术利用水平。利用信息技术、互联网技术和云计算技术，构建农产品从原料到终端消费者的商品全生命周期追踪追溯系统，搭建各类经营主体、政府、市场和消费者信息沟通网络，保障信息畅通，提高粮食产品质量安全突发事件的应急处理能力，提升政府管理部门对农产品质量安全的监管效率。

第十章

研究总结与展望

第 一 节 研 究 总 结

在总结前人研究成果的基础上，本书对改革开放以来我国农村空心化的形成过程和机制，以及新时期我国农村空心化的表现、特征和影响做了深入分析，并通过发放调查问卷、宅基地入户调查以及与村干部座谈等方式，先后对安徽省、江苏省和甘肃省的 9 个村庄进行了实地调研，基于大量翔实的调研数据，采用成熟的计量模型分析了我国不同地区农村空心化程度和地区差异，以及引起农村空心化的主要影响因素，提出通过统筹城乡发展治理农村空心化的路径和模式，并对相应的案例进行分析。据此，本书得到以下结论：

一、我国农村空心化问题加剧

由于没有从根本上突破城乡二元结构，城乡居民之间的利益差异和农民工就业的压力尚未根本缓解，农村土地制度改革和规划管理滞后的局面还未全面改观，导致我国农村空心化问题加剧发展，伴随着青壮年劳动力和村干部的大量外流，农村的空心化率进一步提高，呈现出第二轮空心化现象。新时期的农村空心化开始向人口空心化、村庄空心化、产业空心化、文化空心化和管理空心化蔓延，其中，以农村人口数量急剧减少、农村人口老龄化形势不断严峻、农业劳动力素质持续下降为主要特征的人口空心化已成为农村空心化问题的诱导因素；由于农村非农产业发展不足，产品深加工能力较弱，产业附加值较低，产业空心化加剧了农村空心化程度；另外，由于村庄的外扩内空、宅基地闲置废弃加剧、基础教育滑坡、传统文化流失、农村基层组织管理主体缺乏等问题的不断出现，村庄空心化、文化空心化和管理空心化进一步固化了农村空心化问题。

二、影响农村空心化的因素有多方面

影响农村空心化的主要因素包括经济发展水平、区位条件、产业支撑和资源禀赋四个方面。其中，经济发展水平是影响农村空心化的首要因素，一方面，经济发展水平越高表明地区的产业发展越好，发达的产业水平是吸纳人口就业的根本，能够显著降低农村的空心化程度；另一方面，经济发展水平高的地区能够有效创新各种土地配置制度和管理制度，提高农村土地利用效率，解决宅基地废弃、空置与低效利用问题，从而促进村庄内聚式发展，降低农村空心化程度。其次，区位条件是影响农村空心化的重要因素，大城市、中心城市周边的农村，区位条件优越，村民的生活质量与其他地区相比相对较高，有利于引进信息技术、资本和各种专门人才，吸引农民工返乡就业创业，降低农村空心化程度。另外，产业支撑也是影响农村空心化的因素之一，对于经济发展水平相对落后的地区，只要村庄发展以农业为中心的产业集群，或者有第二或者第三产业支撑时，就能够为当地村民提供大量的就业岗位，拓宽农民增收致富渠道，稳步推进城乡发展一体化进程，加快工业化、城镇化步伐，从而降低农村空心化程度。

三、不同地区之间农村空心化程度差异较大

不同地区之间农村空心化程度差异较大，由东向西呈不断上升趋势。以江苏为代表的东部沿海地区，经济发展水平较高，地区之间抱团发展，辐射带动能力很强，在一定程度上增强了农村经济实力，农村空心化程度相对较

小，区域整体差异不大，且呈逐渐下降趋势。以安徽为代表的中部地区，属于内陆省域，区位优势不明显，辐射带动能力较弱，农村经济发展相对滞后，存在较为严重的农村空心化现象，区域整体差异较大，内部村庄之间空心化率的变化趋势分化严重。以甘肃为代表的西部地区，经济发展相对落后，产业基础薄弱，经济发展带动就业的能力较弱，大量青壮年劳动力外流，存在严重的农村空心化现象，区域整体差异较大，且呈缓慢上升趋势。另外，东部地区的经济发展水平明显优于中西部，根据托达罗人口流动模型，中西部地区的农村人口流动量要大于东部地区，大量的人口流动削减了农村有效劳动力，使得农村宅基地出现了大量的空置和废弃，进一步提升了中西部地区农村空心化程度。

四、统筹城乡发展是农村空心化治理的制胜法宝

我国农村空心化的治理研究应是理论研究和实践工作的重点和目标指向。新时期，中国城乡关系由城乡对立、城乡联系演变为城乡统筹。统筹城乡发展是增加农民收入、提高农业效率、缩小城乡差距和破解城乡二元结构，从而推动中国经济社会持续健康发展的有效措施，是党十六大以来的重要战略举措，同时也是党十八大以后的工作重点，是在特定时期有效治理中国农村空心化的制胜法宝。城乡统筹的重点是实施以"三化"带"三农"战略，即以工业化带动农民收入提高，以城镇化带动农村劳动力转移，以农业产业化带动农业经济效益增长，中心是搞好农村物质、政治和精神三个文明建设，具体内容包括经济、社会和空间统筹三方面。城乡经济统筹是城乡统筹的基础，其核心是发展农村产业，解决粮食安全和农业低效率以及增加农民收入问题。城乡经济统筹的措施主要包括农业产业化、城乡产业协同和农村产业体系重塑等。城乡社会统筹指城乡的户籍制度、社会保障、文化教育和组织管理等方面统筹，主要措施包括户籍制度改革、社会保障制度完善、教育和就业机会均等、收入分配公平、主流文化战略、政府组织整合、村民自治重塑以及农村人力资源战略，从而达到进城农民留得下、农村农民留得住、基层组织健全效率、社会主旋律发扬光大的目的。城乡空间统筹是城乡空间统筹规划的简称，是解决村镇"内空外扩"的空间蔓延以及提高

农地利用效率的空间调控措施，这些措施主要包括基础设施统筹、土地综合利用以及城乡统一规划等。

第二节 研究展望

中外普遍存在农村空心化问题，发展中国家尤为严重。由于我国城乡二元体制的架构仍未根本突破，农村空心化现象日益突出，且会长期存在，阻碍了中国经济社会健康持续发展。因此，新时期农村空心化问题的研究有较强的时代性和迫切性。目前，相关研究主要从不同学科的角度出发，侧重点各不相同，没有系统的研究，研究的目的也是侧重于空心村的治理和农地（主要指宅基地）的综合利用。今后我国农村空心化的研究应在全面认识中国农村空心化的内涵的基础上，着眼统筹城乡发展的综合视角，以中国农村空心化的机制和治理为主要研究对象，多学科理论和方法综合应用，深入探索农村空心化问题的规律，寻求有效解决措施，力求保障粮食安全，力求增加农民收入，力求缩小城乡差距，从而破解中国二元体制结构难题，为构建和谐社会和治理农村空心化提供有益借鉴。

我国农村空心化是城市化阶段性规律作用下城乡关系演进的必然产物，具有一定的普遍性。自从城乡分离以来，人类发展历史实际上就可以概括为城乡关系演进史。城乡关系是多维的、复杂的，包括城乡区位关系、城乡利益关系、城乡资源关系、城乡制度关系等。这些关系相互联系，并随着城乡区位关系的阶段性变化，呈现有规律性的变化。农村空心化正是在城乡统筹阶段，城乡要素双向流动失衡情况下产生的，是复杂的经济社会现象。对于复杂的农村空心化问题，正确的技术路线、合理的研究方法是研究不断拓展和深化的关键因素之一。目前关于农村空心化的研究基本上是单一的学科视角，研究方法缺乏系统性和综合性，应该鼓励研究方法的创新，融合地理学、经济学和社会学等学科的不同研究方法，并加以综合应用。一是要重视案例的实证研究，即在一般性研究的基础上，分别选择四大区域的典型省（市）以及濒临都市、中等城市、小城镇以及偏远农村，进行深入调查研究，发现农村空心化地域差异，提出针对措施，为其他相同地理条件的地区提供参考。二是尝试开展空间均衡分析。中国农村空心化实质是人口、产业、土地、组织、文化在城乡之间空间分布的不均衡，治理的目标是实现空间均衡，即人口、经济、资源与环境协调发展，达到"没有改变空间行为的刺激"的一种空间上的"帕累托效率"状态，是经济物品和经济活动的最优空间配置。"空间均衡分析和推演对于认识理论上的和真实经济区划（空间）、发展经济地理学的方法论是很有必要的"，深受新经济地理学家的广泛关注。

我国农村空心化问题具有重要的现实意义，是现实生活中不可回避的热点问题，并且这一问题会随着工业化和新型城镇化进程的不断推进而动态变化。在不断变化过程中可能会出现许多新问题、新现象，这需要更多的人参与进来，广泛交流、共同研讨，不断实现理论创新和方法创新，从而推动城镇化模式越来越适宜中国国情和符合人类发展要求。但是，由于资金、人力和时间的制约，农村地区的调查范围相对较窄，因此后续研究还需要扩大调查范围和调查数量。同时，本课题所探讨研究的农村空心化是基于现有条件框架下对未来展开的研究，如果外部环境发生重大变化，研究结果可能会出现偏差，这是以后有待于研究和解决的问题。

附录一：调查问卷

调查地点	

村庄空心化的调查问卷

本调查是为科学研究所设计的，没有其他目的，承诺不透露您的任何信息。请在相应位置作答，感谢您的支持与帮助！

1. 您家里有_____人，有_____代人，（其中老年_____人，中年_____人，青少年_____人，儿童_____人）常住人口_____人，外出务工人员_____人。每年，您平均在家居住时间_____个月。

2. 家里主要经济来源是_____，家里副业是_____；年平均收入大概是_____元，主业收入_____元，副业收入_____元。

3. 您现在房子建于_____年；几套房子_____；几层_____；房屋类型（A. 楼房　B. 平房　C. 土房）；面积有_____平方米；_____间房。

4. 您在村子里有没有老宅？　　□有　　　　□无
如果有（标示位置），现在的房子和以前的房子的关系
A. 旧宅原地重建　　B. 在旧宅附近　　C. 离旧宅较远　　D. 占用耕地

5. 您当时建房的目的是：
A. 原有住房陈旧，更新所需
B. 为子女结婚所筹备
C. 家中人口增多，住房面积不够

D. 与兄弟或父母分家

E. 由于经商或出租所需

F. 原来住所周围自然环境恶劣，迫切需要搬迁

G. 政府政策的支持，寻求更好的居住发展环境

H. 村庄发展好，集中规划，统一居住

I. 其他

6. 您对现在的房子满意吗？

卫生状况好不好	舒适度	房间（面积）是否够用	建筑样式	邻里关系

7. 您平时闲暇时都在哪里活动？＿＿＿＿＿＿＿＿＿＿＿＿＿＿＿

8. 您是否需要建新房：＿＿＿＿＿＿＿＿，新房的宅基地会选在哪里？＿＿＿＿＿＿＿＿＿＿＿＿＿，为什么？＿＿＿＿＿＿＿＿＿＿＿＿＿＿

9. 您赞成或满意"向城镇居民一样，建楼房统一集中居住"这样的居住方式吗？

A. 赞成（满意）　　　　B. 不赞成（不满意）

国家社科基金（12BJL043）调研组

调查地点	

农村产业空心化的调查问卷

本调查是为科学研究所设计的，没有其他目的，承诺不透露您的任何信息。请在相应位置作答，感谢您的支持与帮助！

1. 本村产业结构情况

A. 农业产值（　　　）万元　　　　B. 工业产值（　　　）万元

C. 服务业产值（　　　）万元

2. 本村就业结构情况

A. 农业就业（　　　）人　　　　　B. 工业就业（　　　）人

C. 服务业就业（　　　）人

3. 本次农业产值结构

A. 传统种植业（　　　）万元　　　B. 养殖业（　　　）万元

C. 林木（　　　）万元　　　　　　D. 现代农业（　　　）万元

4. 本村工业产值结构

A. 传统加工（　　　）万元　　　　B. 纺织服装（　　　）万元

C. 制造装备（　　　）万元　　　　D. 高新技术（　　　）万元

5. 本村工业企业生产经营情况

A. 产值 50 万元以下（　　　）家

B. 产值 51 万~100 万元（　　　）家

C. 产值 101 万~500 万元（　　　）家

D. 产值 501 万元以上（　　　）

6. 本村明特优产品（品牌商标）个数（　　　）

7. 本村专利权、专利技术个数（　　　）

8. 本村服务业产值结构

A. 餐饮住宿（　　　）万元　　　　B. 旅游观光（　　　）万元

C. 生产服务（　　　）万元　　　　D. 文化创意（　　　）万元

9. 本村服务业经营情况

A. 产值 50 万元以下 （　　　）家

B. 产值 51 万～100 万元 （　　　）家

C. 产值 101 万～200 万元 （　　　）家

D. 产值 201 万元以上 （　　　）

10. 政府支持本村产业发展情况

A. 招商引资　　　　　　　B. 基础建设

C. 融资担保　　　　　　　D. 员工培训

E. 产品引导

国家社科基金（12BJL043）调研组

调查地点	

农村文化调查问卷

为深入贯彻落实中共中央、国务院《关于进一步加强农村文化建设的意见》，切实满足广大农民的文化需求，丰富农民文化生活。为此，我们对农村文化进行调研。请在调查问卷相应内□打上√，谢谢您的帮助！

一、业余时间，您最喜欢哪类文娱活动？

□读书　　　　　　□看电视　　　　　　□听戏
□看电影　　　　　□打牌　　　　　　　□体育锻炼

二、村里阅览室馆藏情况如何？

□种类较多，数量较多　　　□种类单一，数量较少
□经常更新　　　　　　　　□不经常更新
□没有阅览室

三、您最喜欢哪类图书？

□财经类　　　　　　□法律类　　　　　　□农业科技类
□生活类　　　　　　□教育类　　　　　　□医疗保健类
□休闲旅游类　　　　□文学艺术类

四、财经类图书中，您主要喜欢哪些书目？

□财经通识　　　　　□创办企业　　　　　□证券投资
□有奖彩票

五、法律类图书中，您主要喜欢哪些书目？

□法律普识　　　　　□劳动保护　　　　　□婚姻家庭
□刑事处罚　　　　　□维权诉讼　　　　　□宗教信仰

六、科技类图书中，您主要喜欢哪些书目？

□科普常识　　　　　□科学养殖　　　　　□蔬菜种植
□果树栽培　　　　　□生产加工　　　　　□机电维修
□化肥农药

七、生活类图书中，您主要喜欢哪些书目？

□安全常识　　　　　□食品烹饪　　　　　□穿衣打扮

□社会交往　　　　　□家庭关系　　　　　□家电使用

八、教育类图书中，您主要喜欢哪些书目？

□成功故事　　　　　□胎幼早教　　　　　□童话寓言

□历史典故　　　　　□画册卡片　　　　　□教育方法

九、医疗保健类图书中，您主要喜欢哪些书目？

□食品卫生　　　　　□孕产妇护理　　　　□儿童保健

□老人保健　　　　　□常见病防治

十、休闲旅游类图书中，您主要喜欢哪些书目？

□通俗故事　　　　　□文学艺术　　　　　□旅游知识

□体育音乐　　　　　□电脑入门　　　　　□麻将纸牌

十一、您认为图书定价多少合适？

□10 元以内　　　　　□15 元以内　　　　　□20 元以内

□无所谓，喜爱就买

十二、您认为图书应采取什么版式？

□32 开本　　　　　　□口袋书　　　　　　□平装本

□图文并存　　　　　□影像配套

十三、看电视时，您一般喜欢哪类节目？

□时事新闻　　　　　□电视连续剧　　　　□娱乐

□电影　　　　　　　□体育

十四、国家方针政策，您是通过哪种渠道了解的？

□村委组织宣讲　　　□电视报道　　　　　□看书读报

□道听途说　　　　　□不知道

十五、您喜欢政府组织的哪类活动？

□电影下乡　　　　　□戏曲下乡　　　　　□群众会演

□群众会演　　　　　□看书读报　　　　　□政府不组织活动

十六、您现在信仰什么？

□共产主义　　　　　□民主人士　　　　　□无信仰

□宗教

十七、您现在信仰宗教原因是什么？

□崇尚教义　　　　　□治病强身　　　　　□热闹不寂寞

□随大流

十八、您对丰富农民文化生活有什么好的建议？

答：

国家社科基金（12BJL043）调研组

调查地点	

农村人口空心化的调查问卷

本调查是为科学研究所设计的，没有其他目的，承诺不透露您的任何信息。请在相应答案前□打√，感谢您的支持与帮助！

1. 您的年龄是?

□ < 16 岁　　　　□ 16 ~ 30 岁　　　　□ 31 ~ 45 岁　　　　□ 46 ~ 60 岁

□ > 60 岁

2. 您的婚姻状况?

□ 未婚　　　　□ 已婚

3. 您的健康状况?

□ 良好　　　　□ 较差

4. 您所从事的行业属于?

□ 农业　　　　□ 制造业　　　　□ 建筑业　　　　□ 交通运输业

□ 批发零售业　　　　□ 其他——

5. 您所从事工作的岗位属于?

□ 管理类　　　　□ 简单操作工　　　　□ 技术工　　　　□ 其他

6. 您的受教育程度是?

□ 小学及以下　　　　　　　　□ 初中

□ 高中、中专、大专　　　　□ 本科及以上

7. 您家里的人口数?

□ 2 个及以下　　　　□ 3 ~ 6 个　　　　□ 7 个及以上

8. 您家里 61 岁以上人口数?

□ 0 个　　　　□ 1 ~ 2 个　　　　□ 3 个及以上

9. 您家里有几个学龄子女?

□ 0 个　　　　□ 1 ~ 2 个　　　　□ 3 个及以上

10. 子女的就学地点是?

□家庭户口所在地 □自己单独在外地

□父母工作所在地

11. 您家庭一年的总收入是多少？

□≤20000 元 □20001～40000 元

□40001～60000 元 □>60000 元

（其中：家庭农业收入是 元）

12. 您家庭一年的人均生活消费支出是？

□<2000 元 □2000～3000 元

□3001～4000 元 □>4000 元

13. 您家里有多少人在外务工？

□0 □1～2 人 □3～4 人 □5 人以上

14. 您对外出务工的期望收入是？

□<10000 元 □10000～20000 元

□20001～30000 元 □>30000 元

15. 您外出务工所能承受的花费？

□<1000 元 □1001～2000 元

□2001～3000 元 □>3001 元

16. 您主要在哪里务工？

□市内 □省内 □长三角 □珠三角

□其他

17. 您外出的主要原因是？

□外出务工的收入比在家务农较高，可以补贴家用

□耕地较少，劳动力闲置

□本地非农产业发展不足

□对城市生活的向往

□城市具有更好的就业机会和发展空间

18. 您家里是否有因外出务工而闲置下来的土地？

□有 □没有

19. 若有，您是如何处理闲置的土地的？

□搁荒 □交给父母打理

□无偿让给他人暂时种植，等回乡时再收回

□承包给他人，每年收取一定的租金

20. 和以前相比，您觉得目前土地的收成怎么样？

□比以前差 □比以前好

□和以前一样 □不太清楚

21. 您觉得目前土地的收成不好，为什么？

□人手不够，打理不过来 □手中可投入资金不足

□外出务工不愿打理 □其他

22. 您觉得目前土地的收成好，为什么？

□国家惠农政策的支持

□外出务工的收入可以一定程度上补贴农业

□农业机械化自动化及各种肥料的投入

□其他

23. 春节等传统节日时您是否选择回乡？为什么？

□回，乡土情结，可以和家人团聚

□不回，经济原因及其他

24. 和以前相比，您认为目前村里的治安状况如何？

□比以前差 □比以前好

□和以前一样 □不太清楚

25. 您如回乡创业或就业，您考虑的主要原因是什么？

□资金、土地等创业优惠政策的支持

□兼顾家庭、农业生产与事业

□在外务工手中积攒了一些钱，有条件自己创业

□在外务工工资缺乏保障

□本地经济发展，可以就近就业

26. 您如不打算回乡创业或就业，您考虑的主要原因是什么？

□工资较城市偏低

□没有好的创业项目，创业前景不看好

□资金、贷款等的优惠政策不到位

□在意他人眼光

□其他

27. 若回乡，您的主要原因是？

□传统思想的影响，乡土情结

□城市压力大，不如农村生活舒适

□城市房价太高，买不起住房

□城市生活费用太高

□就业风险大，害怕失业后没有生活保障，而在农村仍有土地可供从事
农业生产

□在城市受歧视，对城市没有融入感

□社会保障、户籍制度等的限制，享受不到市民的待遇

28. 若定居在城市，您的主要原因是？

□城里人收入高，生活环境好于农村

□考虑到子女的教育问题，城市具有良好的教育资源

□城市的养老等社会保障制度比农村健全

□农民负担太重

□农民社会地位太低

□城里人精神文化生活更丰富多彩

□城里人有体面和稳定的工作

国家社科基金（12BJL043）调研组

调查地点	

农村基层教育调查（访谈）问卷

1. 本村教育适龄儿童总人数

6～15 周岁（　　　）人；16～18 周岁（　　　）人。

2. 本村教育适龄儿童辍学总人数

6～15 周岁（　　　）人，其中：女童（　　　）人；16～18 周岁（　　　）人，其中：女性（　　　）人。

3. 本村教育适龄儿童辍学原因

□家庭困难　　　　　　　　　□成绩较差

□上学无用　　　　　　　　　□打工致富

4. 本村年轻人（含辍学儿童）务工去向

□东部沿海　　　　　　　　　□外省大中城市

□本省大中城市　　　　　　　□本地

5. 本村近 10 年义务教育学校变化情况

原先有（　　　）所小学，（　　　）所中学；现在有（　　　）所小学，（　　　）所中学，撤销小学（　　　）所，中学（　　　）所，缩减规模小学（　　　）所，中学（　　　）所。

6. 本村义务教育学校教学条件（与本县平均水平相比）

□完善齐全　　　　　　　　　□基本齐全

□仅够使用　　　　　　　　　□条件较差

7. 本村义务教育教师学历层次

总人数（　　　）人，其中：大学学历以上（　　　）人；专科学历（　　　）人；中专学历以下（　　　）人；代课教师（　　　）人。

8. 本村义务教育教师月平均收入水平

□2000 元以下　　　　　　　　□2000～3000 元

□3001～5000 元　　　　　　　□5000 元以上

（本村农民人均可支配收入　　　元）

9. 近10年本村学生考取高等院校情况

□211学校以上（　　）人　　　　□本科学校（　　）人

□职业学院（　　）人　　　　　□中等技术学校（　　）人

10. 政府对义务教育管理支持情况

□强制义务教育　　　　　　　□全面支持

□积极引导　　　　　　　　　□学校学生自主决定

11. 业余时间学校承担农村基层文化教育、技能培训情况

□扫盲教育　　　　　　　　　□技能培训

□农业知识讲座　　　　　　　□文化娱乐组织

12. 您对农村基层教育有什么好的建议：

国家社科基金（12BJL043）调研组

调查地点	

农村基层组织工作调查问卷

农村基层组织主要是指村级组织，包括基层政权、基层党组织和其他组织三个方面，主要有村党组织、村民委员会、村团支部、村妇代会、村民兵连及"两新"组织（"新的经济组织"和"新的社会组织"）。

1. 基层农村两委会（党支部、村委）机构设置、人员配备情况

A. 党支部岗位：　　　　　　　B. 村委岗位：

2. 村两委年龄结构

30 岁以下人员□人，占比□%

31～49 岁人员□人，占比□%

50 岁～59 人员□人，占比□%

60 岁以上人员□人，占比□%

3. 村两委受教育程度

初中以下人员□人，占比□%

高中、中专学历人员□人，占比□%

专科学历人员□人，占比□%

大学学历以上人员□人，占比□%

4. 村两委人员月平均工资（专指职务报酬，不包括其他个人劳务收入）

□2000 元以下　　　　　　　□2000～3000 元

□3001～5000 元　　　　　　□5000 元以上

（本村农民人均可支配收入　　　　元）

5. 村两委组织工作会议召开次数

□1 周 1 次　　　　　　　　□2 周 1 次

□1 月 1 次　　　　　　　　□随机召开

6. 村两委会外出务工或不在本村工作人员

□1 人　　　　　　　　　　□2 人

□3 人以上　　　　　　　　　□无

7. 村两委主要负责人是否本村人员

□都是　　　　　　　　　　　□都不是

□书记是，主任不是　　　　　□书记不是，主任是

8. 村两委主要负责人家族人口占全村人口比例

□10% 以下　　　　　　　　　□20% ~30%

□31% ~50%　　　　　　　　　□50% 以上

9. 村两委主要通过何种形式向农民宣传党和政府政策

□广播　　　　　□宣传材料　　　　□会议　　　　　□走访

□农民自学

10. 村两委掌握《中国共产党农村基层组织工作条例》、《中华人民共和国村民委员会组织法》、《农村基层干部廉洁履行职责若干规定》程度

□非常熟悉　　　　　　　　　□一般了解

□没有系统学习　　　　　　　□不知道

国家社科基金（12BJL043）调研组

工作生活地点选择意愿调查表

说明：本次调查是无记名的，是为完成国家社科基金开展的工作。本人承诺所有数据只限于学术研究，不会泄露您的任何信息。感谢您的支持和帮助！

请您思考后在选项上打上√。

性别：1 男　2 女　年龄：　1 <30 岁　2 30~40 岁　3 >40 岁

现在城市：1 城市　　　　2 农村

期望工作城市：1 城市　　　　2 农村

选择顺序：1 先选择地点，后选择职业　　　2 先选择职业后，选择地点

3 无所谓

1 学历层次

专科以下	专科	本科	硕士	硕士以上

2 期望月薪

2000 元以下	2000~3000 元	3001~4000 元	4001~5000 元	5000 元以上

3 期望职业

中小民企	大型外企	国有企业	事业单位	国家机关

4. 下面是在城市工作生活的描述，请您在描述赞同程度的相应的数字上打√。

	完全不同意	不同意	说不清	同意	完全同意
1. 城市的就业机会多	1	2	3	4	5
2. 城市就业的收入高	1	2	3	4	5
3. 城市的交际面广	1	2	3	4	5
4. 城市居民福利条件好	1	2	3	4	5
5. 城市的区位、基础设施条件好，交通便捷	1	2	3	4	5
6. 城市的商品物资丰富	1	2	3	4	5
7. 城市就业有利于建立家庭和后代教育	1	2	3	4	5
8. 城市投资创业的优惠措施多	1	2	3	4	5
9. 城市就业的荣誉感强	1	2	3	4	5
10. 城市就业实现个人价值的概率高	1	2	3	4	5
11. 城市政府高效、廉洁	1	2	3	4	5
12. 城市历史悠久、文化气息浓厚	1	2	3	4	5
13. 城市环境状况差	1	2	3	4	5
14. 城市生活必需品价格高	1	2	3	4	5
15. 城市房价高	1	2	3	4	5
16. 城市交通拥挤、交通事故多	1	2	3	4	5
17. 城市人情冷漠、人际关系复杂	1	2	3	4	5
18. 城市普通居民地位低、归属感差	1	2	3	4	5
19. 城市社会治安问题不好	1	2	3	4	5
20. 城市生活感觉压抑	1	2	3	4	5

5. 下面是在农村就业的描述，请您在描述赞同程度的相应的数字上打 √。

	完全不同意	不同意	说不清	同意	完全同意
1. 农村环境状况好	1	2	3	4	5
2. 农村生活必需品价格低	1	2	3	4	5
3. 农村房价不高	1	2	3	4	5
4. 农村生活便利	1	2	3	4	5
5. 农村人际关系简单、人情温暖	1	2	3	4	5
6. 农村普通居民归属感、主人翁感强	1	2	3	4	5
7. 农村社会治安、交通安全状况良好	1	2	3	4	5
8. 农村生活感觉自由、舒畅	1	2	3	4	5
9. 农村的就业机会少	1	2	3	4	5
10. 农村就业的收入少	1	2	3	4	5
11. 农村的交际面不广	1	2	3	4	5
12. 农村居民福利条件差	1	2	3	4	5
13. 农村的区位、基础设施差，出行不便捷	1	2	3	4	5
14. 农村的商品物资不丰富	1	2	3	4	5
15. 农村就业不利于建立家庭和后代教育	1	2	3	4	5
16. 农村投资、创业的优惠措施少	1	2	3	4	5
17. 农村就业有羞耻感	1	2	3	4	5
18. 农村就业难以实现个人价值	1	2	3	4	5
19. 农村政府工作效率低、作风差	1	2	3	4	5
20. 农村缺乏文化气息、品位不高	1	2	3	4	5

6. 如果您有关于在城市、农村工作生活的其他感受或评价，请您在下方横线填写。再次感谢您的支持和帮助，祝您身体健康，生活愉快。

_____

_____

_____

_____

国家社科基金（12BJL043）调研组

附录二：部分调研照片

一、江苏省苏州市吴中区尧南社区

二、甘肃省华亭县策底村

三、吉林省长岭县串坨子村

四、安徽省肥西县南分路村

五、安徽省肥西县铜山村

六、安徽省肥西县樵山村

参 考 文 献

[1] 龙花楼. 论土地利用转型与乡村转型发展 [J]. 地理科学进展, 2012, 31 (2): 131-138.

[2] 胡锦涛. 坚定不移沿着中国特色社会主义道路前进为全面建成小康社会而奋斗——在中国共产党第十八次全国代表大会上的报告 [J]. 求是, 2012, (22): 3-25.

[3] 杨庆蔚. 投资蓝皮书: 中国投资发展报告 (2014) [M]. 社会科学文献出版社, 2014.

[4] 薛力. 城市化背景下的空心村现象及其对策探讨——以江苏省为例 [J]. 城市规划, 2011, 25 (6): 8-13.

[5] 刘彦随, 刘玉, 翟荣新. 中国农村空心化的地理学研究与整治实践 [J]. 地理学报, 2009, 64 (10): 1193-1202.

[6] 周祝平. 中国农村人口空心化及其挑战 [J]. 人口研究, 2008, 32 (2): 45-52.

[7] 谷云凤, 郭秀伟. 新农村建设要谨防空心化倾向 [J]. 论苑, 2007, (9): 39.

[8] 林孟清. 推动乡村建设运动治理农村空心化的正确选择 [J]. 中国特色社会主义研究, 2010, (5): 83-87.

[9] 王海兰. 农村"空心村"的形成原因及解决对策探析 [J]. 农村经济, 2005, (9): 21-22.

[10] 张春娟. 农村"空心化"问题及对策研究 [J]. 哲学视界, 2004, (4): 83-86.

[11] 刘彦随, 刘玉. 中国农村空心化问题研究的进展与展望 [J]. 地理研究, 2010, 29 (1): 35-42.

[12] Lewis, W Arthur. A model of dualistic economics [J]. American Economic Review, 1954, (36): 45 –51.

[13] 万能. 中国大城市的非正式人口迁移研究——以京津沪为例 [D]. 南开大学博士论文, 2009.

[14] 陈家喜, 刘王裔. 中国农村空心化的生成形态与治理路径 [J]. 中州学刊, 2012, (5): 103 –106.

[15] 刘锐, 阳云云. 空心村问题再认识——农民主位的视角 [J]. 社会科学研究, 2013, (3): 102 –108.

[16] 吴俊. 欠发达地区村庄空心化机制与治理研究 [D]. 安徽财经大学硕士论文, 2013. (校外导师: 范迪军, 校内导师: 朱道才)

[17] 李周, 任常青. 农村空心化的影响、原因与对策 [N]. 人民日报, 2013, 2 (3): 5.

[18] 河辉, 莫国芳. 农村空心化的成因及影响分析 [J]. 安徽农业科学, 2014, 42 (6): 1883 –1885.

[19] 张慧. 基于农地权能扩张的安徽省农地空心化治理研究 [D]. 安徽财经大学硕士论文, 2014. (导师: 朱道才)

[20] 杨忍, 刘彦随, 陈秧分. 中国农村空心化综合测度与分区 [J]. 地理研究, 2012, 31 (9): 1697 –1706.

[21] 汪恭礼. 城镇化背景下的村庄整治 [J]. 农村财政与财务, 2014, (5): 18 –19.

[22] 喻磊. 小城镇周边空心村的治理研究——以豫南 B 村为例 [D]. 安徽大学硕士论文, 2013.

[23] 冉光和, 张林, 田庆刚. 城乡统筹进程中农村空心化形成机理、现状与治理——基于重庆市 54 个村 1236 户农户的调查 [J]. 农村经济, 2014, (5): 3 –8.

[24] 杨忍, 刘彦随, 陈秧分. 中国农村空心化综合测度与地域分区 [J]. 地理研究, 2012, 31 (9): 1143 –1152.

[25] Liu Yansui, Yang Ren, Li Yuheng. Potential of land consolidation of hollowed villages under different urbanization scenarios in China [J]. Journal of Geographical Sciences, 2013, 23 (3): 503 –512.

[26] 段家芬. 劳动力转移、人口"空心化"与农村土地规模化经营研究——以四川省金堂县为案例的调查分析 [D]. 西南财经大学硕士论文, 2013.

[27] 周春霞. 农村空心化背景下乡村治理的困境与路径选择——以莫顿的结构功能论为研究视角 [J]. 南方农村, 2012 (3): 68-73.

[28] 崔卫国, 李裕瑞, 刘彦随. 中国重点农区农村空心化的特征、机制与调控——以河南省邯郸县为例 [J]. 资源科学, 2011, 33 (11): 2014-2021.

[29] 宋伟, 陈百明, 张英. 中国村庄宅基地空心化评价及其影响因素 [J]. 地理研究, 2013, 32 (1): 20-28.

[30] 董青青, 范迪军. 我国农村人口空心化问题的研究进展与展望 [J]. 江西教育学院学报, 2012, 33 (5): 15-20.

[31] 李雷. 城镇化背景下中国城乡人地关系研究——以江苏省苏州市和山东省李庄村为例 [D]. 苏州大学硕士论文, 2013.

[32] 刘锐, 杨云云. 空心村问题再认识——农民主体的视角 [J]. 社会科学研究, 2013, (3): 102-108.

[33] 王颂吉. 中国城乡双重二元结构研究 [D]. 西北大学博士论文, 2014.

[34] 韩晓文. 当前农村发展非农产业中的问题与对策研究 [J]. 长沙铁道学院学报, 2009, (1): 136-138.

[35] 黄子鸿. 基于科学发展观视角下偏远农村组建中心村之探讨 [J]. 山东农业大学学报 (社会科学版), 2011, (2): 21-24.

[36] 王鑫林. 农村空心化背景下的土地撂荒现象及治理探讨——基于四川省仪陇县 X 村的调研分析 [D]. 西南财经大学, 2013.

[37] 肖国安. 国家粮食安全战略研究论纲 [J]. 湘潭大学学报 (哲学社会科学版), 2009, (6): 39-45.

[38] 徐勇. 挣脱土地束缚之后的乡村困境及应对——农村人口流动与乡村治理的一项相关性分析 [J]. 华中师范大学学报 (人文社会科学版), 2000, 39 (2): 5-11.

[39] 马立强. 城镇化背景下的农村空心化现象形成机理及其治理 [J].

企业技术开发，2013，（2）：58 – 59.

［40］徐强. 农村人力资源流失对社会主义新农村建设的影响及对策建议［J］. 甘肃农业，2009，（6）：27 – 34.

［41］陈丽佳，周海涛，翁锦玉. 地区农业科技竞争力指标评价体系构建研究［J］. 科技管理研究，200（7）：144 – 146.

［42］向卿青. 山区农村人口空心化的调查与思考——以四川省苍溪县为例［J］. 农村经济，2012，（6）：97 – 100.

［43］钱道赓，张丽琴. 村民自治的发展困境及应对——农村社会变迁与村民自治发展的相关性分析［J］. 行政与法，2008，（3）：55 – 57.

［44］皮修平，娄炳林. 农村土地抛荒的原因分析及治理对策［J］. 求索，2002，（1）：25 – 27.

［45］武敏. 当前农地抛荒原因及政府政策研究——基于农民土地权益保障的思考［D］. 华中师范大学硕士论文，2011.

［46］刘鸿渊. 贫困地区农村"空心化"背景下的基层党组织建设研究［J］. 求实，2011，（3）：28 – 30.

［47］李祖佩. 村庄空心化背景下的农村文化建设：困境与出路——以湖北省空心村为分析对象［J］. 中州学刊，2013，（6）：72 – 77.

［48］刘彦随，龙华楼，陈玉福. 中国乡村发展研究报告—农村空心化及其整治策略［M］. 北京：科学出版社，2011.

［49］张彤磊，朱卫. 论新农村文化建设与农村宗教关系［J］. 经济与社会发展，2009（1）：147 – 149.

［50］崔卫国，李裕瑞，刘彦随. 中国重点农区农村空心化的特征、机制与调控——以河南省郸城县为例［J］. 资源科学，2011，33（11）.

［51］Smailes P J. From rural dilution to multifunctional countryside: Some pointers to the future from South Australia. Australian Geographer，2002，（33）：79 – 95. (Garcia A I, Ayuga F. Reuse of abandoned buildings and the rural landscape: The situation in Spain. Transactions of the ASABE, 2007, 50: 1383 – 1394.

［52］冉光和，张林，田庆刚. 城乡统筹进程中农村空心化形成机理、现状与治理——基于重庆市 54 个村 1236 户农户的调查［J］. 农村经济，

2014,（5）：4 – 7.

[53] 王美艳. 城市劳动力市场上的就业机会与工资差异 – 外来劳动力就业与报酬研究 [J]. 中国社会科学，2005，（5）：36 – 46.

[54] 龙花楼，李裕瑞，刘彦随. 中国空心化村庄演化特征及其动力机制 [J]. 地理学报，2009，64（10）：1203 – 1213.

[55] 崔卫国，李裕瑞，刘彦随. 中国重点农区农村空心化的特征、机制与调控 – 以河南省郸城县为例 [J]. 资源科学，2011，33（11）：2017 – 2019.

[56] 李周，任常青. 农村空心化的影响、原因与对策 [N]. 人民日报，2013 – 02 – 03.

[57] 吕振奎. 泉州模式与泉州模式新发展——对温州模式、苏南模式转型的借鉴 [J]. 福建论坛（人文社会科学版），2012，（4）：161 – 164.

[58] 张富刚，刘彦随. 中国区域农村发展动力机制及其发展模式 [J]. 地理学报，2008，63（2）：115 – 122.

[59] 上海市发展改革研究院课题组. 上海城乡统筹发展的路径和突破口研究 [J]. 科学管理，2013，（5）：3 – 14.

[60] 刘祖云，武小龙. 农村"空心化"问题研究：殊途而同归——基于研究文献的理论考察 [J]. 行政论坛，2012，（4）：82 – 88.

[61] 付坚强，陈利根. 我国农村宅基地使用权制度论略——现行立法的缺陷及其克服 [J]. 江淮论坛，2008，（1）：97 – 101.

[62] 田伟，贾敬全. 皖北农村"空心化"形成机制及治理策略 [J]. 淮北师范大学学报（哲学社会科学版），2015，36（2）：1 – 3.

[63] 仪名海. 城乡社会统筹及中国的路径选择 [J]. 四川行政学院学报，2014，（2）：71 – 73.

[64] 周维德. 农村文化的缺失与建设 [J]. 甘肃社会科学，2014，（3）：235 – 238.

[65] 任丽佳. 农村基层组织运行机制研究 [D]. 东北师范大学硕士学位论文，2013.

[66] 李颖洁. 村民自治：重塑中国农村政治主题的革命 [J]. 农业经济，2009，（7）：6 – 7.

［67］ 干春晖．中国经济体制改革 30 年［M］．上海：上海财经大学出版社，2008．

［68］ 程又中，李睿．城乡统筹发展试验：成都"样本"考察［J］．华中师范大学学报（人文社会科学版），2011，（1）：15－21．

［69］ 余莎莎．城乡统筹视角下的户籍管理制度改革——以成都为例［D］．西华大学硕士论文，2012．

［70］ 马福云．中国户籍管理制度改革的困境及其求解——以成都户籍管理制度改革为例［J］．北京科技大学学报（社会科学版），2011，（3）：129－133．

［71］ 白佳飞．统筹城乡下农村土地流转创新模式研究——以重庆和成都为例［D］．重庆大学硕士论文，2010．

［72］ 宋文国．统筹城乡就业 促进农村剩余劳动力转移［N］．四川省社会科学院研究生院硕士论文，2009．

［73］ 张春昕．制约农村剩余劳动力转移的制度因素分析［J］．人民论坛，2012，（27）：106－107．

［74］ 滕飞．重庆市统筹城乡发展路径研究［D］．重庆工商大学硕士论文，2012．

［75］ 朱道才．中国农村"空心化"问题研究进展与启示［J］．兰州商学院学报，2012，（5）：75－79．

［76］ 李昭．农村空心化的区域差异比较研究［D］．安徽财经大学硕士论文，2014．（校外导师：范迪军，校内导师：朱道才）

［77］ 李昭，朱道才．农村空心化区域差异因素研究——基于安徽黄山村与江苏尧南社区的个案分析［J］．滁州学院学报，2014，（5）：105－109．

［78］ 林孟清．推动乡村建设运动：治理农村空心化的正确选择［J］．中国特色社会主义研究，2010，（5）：83－87．

［79］ 朱道才，李刚．统筹城乡试验区的目标取向与三维设计［J］．改革，2008，（3）：153－157．

［80］ 安虎森．空间经济学原理［M］．北京：经济科学出版社，2005．

［81］ 陆大道．中国人文地理学发展的机遇与任务［J］．地理学报，2004，25（增刊）：3－7．

[82] 任远. 农村人口结构失衡 人口迁移流动性壁垒亟待破除 [N]. 中国社会科学报, 2014 - 1 - 17: 550.

[83] 农业部经管总站体系与信息处.2014 年农村家庭承包耕地流转情况 [J]. 农村经营管理, 2015, (6): 40.

[84] 宋伟, 陈百明, 张英. 中国村庄宅基地空心化评价及其影响因素 [J]. 地理研究, 2013, (1): 21 - 29.

[85] 孟令国, 刘薇薇. 中国农村剩余劳动力的数量和年龄结构研究——基于 2002 ~ 2011 年的数据 [J]. 经济学家, 2013, (4): 41 - 46.

[86] 朱磊. 完善法律法规依法推进社会保障体系建设 [N]. 法治日报, 2014 - 12 - 24: 3.

[87] 陕西东西部经济研究院. 如何应对农村日益严重的空心化问题? http: //blog. sina. com. cn/s/blog_ 970f08fa0101dtb8. html.

[88] 张正河. 城乡人口流动下的村庄建设 [J]. 人民论坛, 2013, (11): 22 - 23, 103.

[89] 杨丹丹. 通用走向专用粮和品牌粮 [N]. 农民日报, 2015 - 12 - 5.

[90] 孙正东. 安徽省现代生态农业产业化发展战略定位分析 [J]. 安徽大学学报 (哲学社会科学版), 2015, (6): 146 - 151.

[91] 谢恒. 成渝统筹城乡国家综合配套改革试验区发展研究 [D]. 辽宁大学博士论文, 2014.